小学生でも解ける
東大入試問題

西岡壱誠

SB新書
597

はじめに

「東大の入試問題を小学生が解けるなんて、ありえない！」

本書のタイトルを見て、このように思った人が多いのではないでしょうか？

たしかに、にわかには信じがたい話ですよね。

でも、本当なんです。

本書では、東大で過去に出題された5教科（国語、数学、英語、理科、社会）の問題の中から32問を取り上げています。いずれも、小学生の知識レベルで解ける問題ばかりです。

数学の問題に関しては、小学生の知識レベルを超えた内容も一部含まれていますが、それでも、せいぜい中学生レベルの知識です。

実際、本書で取り上げている問題の1つを小学生30人に解いてもらったところ、半数が解けてしまいましたし、東大の入学試験で実際に解いたことがある東大生に解答を確認してみたところ、本当に小学生でも答えられるような内容でした。

もちろん、問題の中には、高校で習う知識を使って解くことができるものもあります。

でも、そういった問題も、問題の表現や単語の複雑さに惑わされず、シンプルに考えることができれば、小学生の知識レベルでも十分答えを導き出すことができてしまうのです。

東大は入試問題について解答例を公表していないので、私の個人的な意見ではありますが、高度で複雑な解き方よりも、シンプルかつ簡潔に解いたほうが採点者の評価は高いのではないかと考えています。

実際、東大のアドミッション・ポリシーの「入学試験の基本方針」の中には、「知識を詰めこむことよりも、持っている知識を関連づけて解を導く能力の高さを重視します」と書かれています。

小学生の知識レベルで対応できてしまう問題は、まさに、「知識量」よりも「思考力」を重視する東大のアドミッション・ポリシーの象徴といえるかもしれません。

かつての私も、まさに勉強の結果は知識量で決まると思っていた一人です。

でも、知識量ではなく思考力を重視する東大の入試問題を通じて、学び方が大きく変わりました。

本書は大人が読むことを前提にしていますが、小学生のお子さんがいる方は、ぜひ親子で一緒に本書の問題に挑戦してみてください。

そして、学ぶとはどういうことかについて親子で一緒に話し合うきっかけにしてもらえれば幸いです。

西岡　壱誠

第2章 理科

第3章 社会

第4章 英語

序章

東大の入試問題を小学生が解ける理由

東大の入試問題を本当に小学生が解けた！

現在、私は小学校や中学校、高校と連携して勉強を教える仕事をしています。

その一環として、本書でも取り上げている東大入試問題の1つを小学生30人に実際に解いてもらったことがあります。

すると、なんと半数近くの12人が正解したのです。

誤解がないように補足しておくと、飛び抜けた秀才の小学生を集めて問題を解いてもらったわけではありません。

おそらく、このエピソードを聞いて、

「問題作成者のミスで、たまたま小学生でも解けてしまう問題が1つ紛れてしまっただけでは？」

と、疑う人のほうが多いと思います。

なにしろ東大は、日本の最高学府です。常識的に考えて、小学生が解けるなんて信じられないのも無理はありません。

でも、小学生でも解ける東大の入試問題は1つではないのです。

私は現役の東大生であると同時に、自他ともに認める東大の入試問題の過去問マニアでもあるのですが、**50年以上さかのぼって東大の過去問を実際に調べてみたところ、小学生レベルの知識でも解くことができる問題が30問以上も見つかりました。**

私が見落としているだけで、もっとあるかもしれません。

けっして、東大の問題作成者の手違いではないのです。

頭がカタくなればなるほど、「難問」になる

「小学生レベルの知識でも解けてしまう」ということは、高校や中学校で学ぶ知識を使わずに解けるということです。

なぜ、東大はそんな問題を出題しているのでしょうか？

東大のウェブサイト上に掲載されている東大のアドミッション・ポリシーには、

「入学試験の基本方針」のところに次のようなことが書かれています。
「知識を詰めこむことよりも、持っている知識を関連づけて解を導く能力の高さを重視します。」

つまり、東大は、どんなに学校のテストや模試の成績がよくても、ひたすら知識を詰め込むだけの、いわゆる「頭でっかち」な学生はふるい落とし、「考える力」のある学生を合格させているということです。

じつは、本書で紹介する問題は小学生でも解ける一方で**「頭でっかち」**で**「頭のカタい人」ほど、解けないようになっている**のです。

「シンプルに考える」が一番難しい

なぜ、頭のカタい人ほど、解けないのか？

私たちは、子供から大人になる過程で世の中のことを知れば知るほど、様々な「思い込み」や「知っているつもり」「わかっているつもり」が増えていきます。

そのような思考にとらわれてしまっている人ほど、本書の問題を解くのが難しくなっていくのです。

複雑な数式が使われている数学の問題や、難しい英単語や構文が使われている英文読解の問題は、当然、誰にとっても「難問」です。

でも、本書で取り上げる問題だけでなく東大の入試問題は全般的に、「高度な知識を扱った複雑な問題だから、解くのが難しい」のではなく、

「簡単に、シンプルに考えるのが難しい」

ということなのです。

あなたの頭、カタくなっていませんか？

本書で取り上げる問題は、答えを見れば、大人なら「なんだ！　そんなことか！」と思うようなものばかりだと思います。

でも、全問正解するのはかなり難しいはずです。

小学生のお子さんがいる人は、ぜひお子さんと一緒に問題に取り組んでいただければと思います。

もしかしたら、自分よりも子供のほうがあっさり解けてしまった、なんて問題がたくさんあるかもしれません。

勉強でもっとも大切なことは、「考える」ことにあります。

そして、頭を使って考えることは、純粋に楽しいのです。

勉強は、やっぱり楽しい――。

本書を読み終わったときに、そのように感じてくれる人が一人でも多くいたら嬉しく思います。

では、前置きはこれくらいにして、さっそく問題に取りかかりましょう！

第1章

数学

数学の問題を解く前に

まずは、数学の問題から始めます。

世間には、東大の入試問題といえば非常に難解だったり、細かい知識が求められたりする問題が出題されるというイメージがあるかもしれませんが、実際はまったく違います。むしろ正反対といってもいいくらいです。

問題を解くのに求められる知識自体は本当に小学生レベルの最低限でよい場合があるのです。

問題で扱われるテーマもありふれた日常生活に立脚しているものがよく選ばれています。これは本当に全科目共通の話です。

前にお話しした通り、東大の入試問題は科目によらず、「簡単に、シンプルに考えるのが難しい」のです。数学に対する様々な「思い込み」から脱することができないと、これから紹介する問題が、みなさんの目の前に難問となって立ちはだかることになると思います。

では、さっそく始めましょう！

数学の問題 ①

最も安い料金は？

何人かがある距離を自動車で行くとき、大型なら2台、小型なら3台いる。大型の料金は1台につき最初の1kmまでが100円、その後320mごとに20円を加える。小型の料金は1台につき最初の1kmまでが70円、その後480mごとに20円を加える。どのような距離を行くとき小型を使う方が有利になるか。

【1952年 数学 第二問】

数学に対する「思い込み」

みなさんは、家族や友人と遠出をしたときにタクシーを使った経験はないでしょうか？

この問題を最初に取り上げたのは、まずは数学の一番多い「思い込み」についてお話ししたかったからです。

それはなにかというと、

「数学の知識は、日常生活とは無縁のシロモノである」

という「思い込み」です。

かつて、私は中学校や高校の数学の授業を受けながら、「数学の知識なんて、社会に出てからなんの役にも立たない！」と考えていました。

かつての私のように、中学校で習う平方根や一次方程式、高校で習う三角関数や微分積分なんて、世の中に出てから使うことはない、と考えている人は多いのではないでしょうか？

でも、本当は違います。

数学は、私たちの身の回りにあふれているのです。

この問題のような距離やお金以外にも、時間、確率など、世の中は数学であふれています。

それにもかかわらず、数学の知識が人生にまったく役立たないと思ってしまうのは、「算数」と「数学」の違いが1つの大きな原因になっています。

「算数」では、4×5、7+5など、自然界にあって私たちが想像できる数（＝自然数）しか扱いません。

ところが、中学校に入って「数学」になったとたん、自然数以外の数が登場するようになります。

その代表的な例が「－（マイナス）」でしょう。

「マイナス1個のりんご」なんて、日常生活で見ることはありません。

要するに、「架空の数」も扱うのが数学なのです。

そのため、小学生の頃は算数を日常生活と結びつけて考えられていたのが、中学、高校と進むにつれて、「数学は日常生活とは無縁のシロモノだ」と、どんどん強く「思い込む」ようになってしまうのです。

その「思い込み」を突いたのが、この問題です。

2つのケースを比較する

普段から自分のお金を「数学」の知識を活用して管理できている人は、この問題が驚くほどすんなりと解けてしまうはずです。

日頃からどこか遠くに移動するときに、「どちらのほうが安いかな?」と、交通手段を比較して数学的に考える習慣がある人には、とても簡単な問題です。

この問題は、1000メートルの場合、1320メートルの場合などと、**2つのケースを表にして比較すると、驚くほどシンプルに答えが出せます。**

x軸とy軸の座標を用いた一次関数のグラフを用いて解くこともできますが、それだとどんどん式が複雑になって、答えになかなかたどり着けないようになっています。

ポイントは、左のような**表を書いて整理する**ことです。

図1-1

距離（m）	～1000	～1320	～1480	～1640	～1960	～2280	～2440
大型2台	200円	240円	280円	280円	320円	360円	400円
小型3台	210円	270円	270円	330円	330円	390円	390円

表を見ると、１３２０メートルから１４８０メートルの距離までは、小型のほうが安いとわかります。

次に小型のほうが安くなるのは２２８０メートルから２４４０メートルまでの距離です。したがって、９６０メートルごとに小型３台のほうが安くなっていることがわかります。

以上が答えになります。

「シンプル」に考える

東大の入試問題だからと意気込んでいた人にとっては、肩透かしを食らうほど、簡単に答えが導き出せることがおわかりいただけたと思います。

大事なのは、難しく考えず、シンプルに考えることです。

数学に限らずどんな科目でも、難しく考えようとするとどこまでも難しく考えることができます。

重要なのは、できるだけシンプルに、簡単に考えて答えを出そうとする姿勢です。

そして、そのために大切になるのが、数学の知識を日常生活とできるだけ結びつけて考える習慣なのです。

碁石問題

白石180個と黒石181個の合わせて361個の碁石が横に一列に並んでいる。碁石がどのように並んでいても、次の条件を満たす黒の碁石が少なくとも一つあることを示せ。
その黒の碁石とそれより右にある碁石をすべて除くと、残りは白石と黒石が同数となる。ただし、碁石が一つも残らない場合も同数とみなす。

【2001年 数学 第四問】

すぐに「公式」を使おうとしない

「碁石が並んでいるということは、数列の公式を使って解くのかな……？」

「それとも、場合分けの公式を使えばいいのかな……？」

このように、数学の問題を見るとすぐに公式を使うことばかり考えてしまう人がいます。

数学に対する2つ目の「思い込み」。

それは、

「数学の問題は、すべてなにかしらの〝公式〟に数字を当てはめて解くもの」

という「思い込み」です。

もちろん、数学において「公式」はとても重要な存在です。

ただし、数学の問題を解くうえで一番重要なのは、あくまでその問題を解くためにどのようにアプローチすれば答えが導き出せるのかを考えることです。

答えを導き出すためになんらかの公式が必要であると判断したときに、初めて公式を使うことを考えればよいのです。

けっして、「数学の問題を解く＝公式を使う」ではないということです。

なんらかの公式に当てはめようとしたり、難しく考えようとしたりすればするほど、この問題の正解からはどんどん遠ざかっていきます。

この問題を解くためには、難しい高校数学の知識はおろか、中学数学の知識も必要ありません。本当に小学校で習う算数の知識だけで解けてしまうのです。

この問題の一番のハードルは、**碁石の数が多い**ことです。

もう、みなさんおわかりだと思いますが、小学生でも解けるということは、実際に碁石を数えることで答えを導き出します。

361個もの碁石を紙の上や頭の中で並べて解こうとしたら、それこそ頭がパンクしてしまうでしょう。

しかも入試問題なので、解くために想定されている時間は、せいぜい5～10分程度です。

ここでもカギになるのは、「シンプルかつ簡単に解くためにはどうすればよいか?」を考えることです。

「小さな数」に置き換える

この問題で求められているのは「361個の碁石を頭の中で高速処理できる能力」ではありません。**「膨大な数が出てきたときに、そのまま計算をするのではなく、小さなスケールに置き換えてシンプルにする力」**が求められています。

具体的には、

「白石180個、黒石181個」

↓

「白石2個、黒石3個」

に置き換えて解きます。

なぜ、「白石2個、黒石3個」に置き換えられるかというと、「白石180個、黒石181個」という数は、要は「白石の個数」と「白石の個数プラス1個が黒石の個数」と読み替えることができるからです。

このとき、条件に合う石はあるでしょうか？

左から「○●○●●」と並べた場合、一番右の黒石を取り除くと、「○●○●」が残り、白石と黒石が同数になります。

「●○●●○」と「○●●●○」の場合は真ん中、「○○●●●」の場合は一番右が条件に合います。

「●●●○○」という並び順では条件に合う石はないと思うかもしれませんが、問題文をよく読むと「碁石が一つも残らない場合も同数とみなす」と書かれているので、一番左が黒石だった場合、すべて取り除くことになり条件に当てはまります。

つまり、一番左が黒石の時点で条件に合うわけです。


では、一番左が白石だとしたらどうでしょうか？

そのときに残っている石は「白石が1個、黒石が3個」です。

でも、この場合、両者が同じ数になるタイミングが必ず訪れます。同じ数になるということは、条件を満たすということに他なりませんから、これだと絶対に条件を満たすことになるのです。

仮に次に白石を置いて、残りが「白石0個、黒石3個」になったとしましょう。その場合、最終的に「白石0個、黒石0個」になるタイミングで置かれるのは黒石にほかなりません。

逆に「白石1個」を残しておいたとしても、「白石1個、黒石1個」が残る状況が訪れます。そのタイミングで置かれるのは、やはり黒石です。

この原則に気づくことさえできれば、条件に合う瞬間が必ず来るのです。2個だろうが10個だろうが180個だろうが、同様です。

ゲームにたとえてみる

「白石2個、黒石3個」で進めてきたここまでの話をゲームにたとえてみても、答えを出すことができます。

「白石2個、黒石3個の合計5つの碁石を左から順番に1つずつ置いていき、白石が置かれたらプラス1ポイント、黒石が置かれたらマイナス1ポイント」というルールのゲームだと考えてみてください。

図1-2

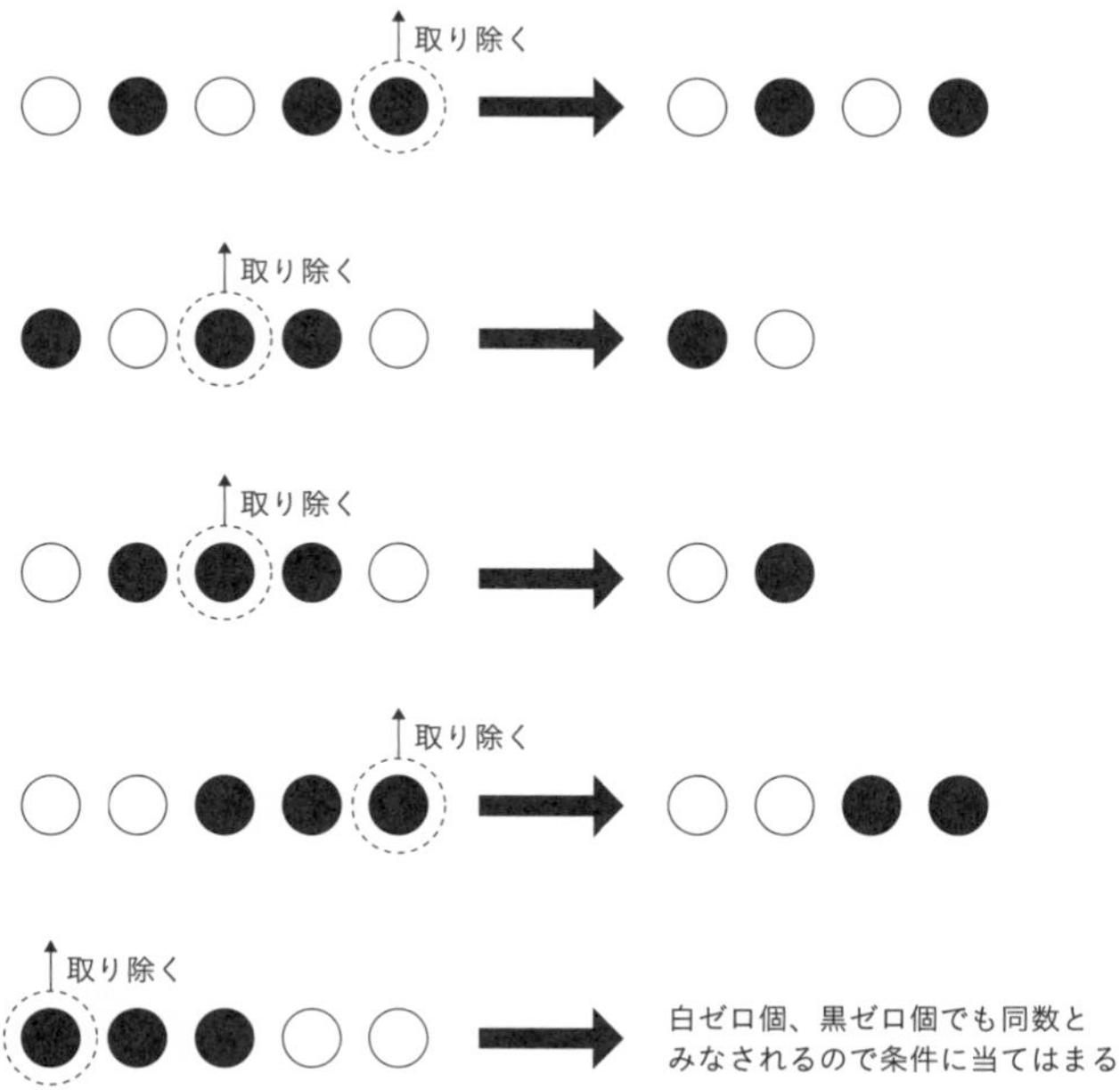
取り除く
取り除く
取り除く
取り除く
取り除く
白ゼロ個、黒ゼロ個でも同数と
みなされるので条件に当てはまる

「○●○」と並んだら「+1-1+1=1」でプラス1ポイント、「●●○」と並んだら「-1-1+1=-1」でマイナス1ポイント、という要領です。

この場合に「条件に当てはまる黒石」は、「置いたときにマイナス1ポイントになる黒石」です。このタイミングで同数になります。

したがって、「○●●」と置かれたときの残りの石は「白石が1個、黒石が1個」です。この場合、3つ目の黒石を置いたときに、総ポイントがマイナス1ポイントになるタイミングが訪れるので、条件を満たすのです。

「○●」と置いた場合は0ポイントで、このときの残りは「白石が1個、黒石が2個」で、条件に合いません。

あくまで黒石を置いて、マイナス1ポイントになった瞬間に条件に合うのです。

このゲームは、黒石を置いたときにマイナス1ポイントになる瞬間が絶対に訪れます。なぜなら、最初の持ち点が0ポイントなら、最後の石を置くときに持ち点がマイナス1ポイントになるからです。どんなに頑張って持ち点をあげたとしても、最終的にマイナス1ポイントになるわけです。

数学の問題 ❸

和が9にならない数字の組み合わせは？

各けたの数字は互いに異なり、どの2つの桁の数字の和も9にならない4桁の数を求めよ。

【2005年 数学 第四問】

1つずつ数えると膨大な時間がかかる

前の問題と同様、公式に当てはめることばかり考えてしまうと、正解からはどんどん遠ざかっていきます。

では、どのようなアプローチが有効なのでしょうか？

まず、

「1234ならどうだろう」

「2345だと、4と5で9になってしまうな……」

などと1つずつ考えていけば、なんとか答えにたどり着けるでしょう。

ただ、各ケタが異なる4ケタの数、4536個を1つずつ考える必要があるので、答えを出すまでに膨大な時間がかかってしまいます。

逆転の発想

どうすれば、この問題をシンプルに解くことができるでしょうか?

ポイントは、**「逆転の発想」**です。

「9にならない4ケタの数」

↓

「9になる4ケタの数以外」

と考えられると、とたんにシンプルな問題に様変わりします。

和とは、数を足した合計のことです。

「2つの数の和が9」になる数字には、どんなものがあるでしょうか?

まず、4と5を足したら9になります。3と6も、足したら9になります。

そうやって1つずつ考えていくと、足して9になる数の組み合わせは、次の5種類しかないことがわかります。

「0と9」

「1と8」

「2と7」

「3と6」

「4と5」

つまり、これらがペアになっている数はダメだということです。

逆に、これらのペアが入っていない数が成立することになります。

たとえば、「1823」であれば「1と8」が入っているからアウトです。

「1256」は、さきほどのペアの数がないのでOKになります。

ここまでを踏まえて、1ケタずつていねいに数字を見ていくと、この問題の答えが出ます。

一番左の4ケタ目の数字の選び方は、0を除くどんな数でも大丈夫なので、1から9までの9通りになります。

次に3ケタ目の選び方は、さきほど選んだ数字のペア以外になるので、8通りです。同じ要領で2ケタ目の選び方は4ケタ目と3ケタ目に選んだ数字のペア以外になるので、6通りです。1ケタ目の選び方は4ケタ目、3ケタ目、2ケタ目に選んだ数字のペア以外なので、4通りになります。

図1-3

（足して 9 になる数の組み合わせ）
0 と 9、1 と 8、2 と 7、3 と 6、4 と 5

↓

この組み合わせ以外を選べばいい

■ **4 ケタ目の選び方**
どんな数でも OK なので、1 から 9 までの
9 通り

■ **3 ケタ目の選び方**
「足して 9 になる数の組み合わせ」以外を選ぶので
8 通り

■ **2 ケタ目の選び方**
4 ケタ目と 3 ケタ目に選んだ数字のペア以外になるので
6 通り

■ **1 ケタ目の選び方**
4 ケタ目、3 ケタ目、2 ケタ目に選んだ数字のペア以外なので
4 通り

↓

以上より
9×8×6×4 で 1728 が答え

以上から、9×8×6×4で、1728が答えになります。

「どうすれば9にならないか」という視点に凝り固まって、難しい状況のまま考えているだけでは、いつまで経ってもこの問題を解くことはできません。

ちなみに、今回の問題で使った考え方は、数学では「余事象」という名前がついているとても重要な思考です。

真正面から問題に取り組むのではなく、違った角度から攻めると、いろいろな問題が解けるというわけです。

数学の問題 ❹

じゃんけんで最も強い手は？

A、Bの二人がじゃんけんをして、グーで勝てば3歩、チョキで勝てば5歩、パーで勝てば6歩進む遊びをしている。1回のじゃんけんでAの進む歩数からBの進む歩数を引いた値の期待値をEとする。

(1) Bがグー、チョキ、パーを出す確率がすべて等しいとする。Aがどのような確率で、グー、チョキ、パーを出すとき、Eの値は最大となるか。

【1992年 数学 第六問】

「直感の誤り」を正してくれるのが数学

子供の定番の遊びであるグリコのゲームが題材になった問題です。

まさに「日常の中の数学」ですね。

〝難しそうに〟書かれている問題文に騙されてはいけません。

要するに「グリコは、グーとチョキとパー、どの手が一番強いですか？」と問いかけられているだけです。

グリコのゲームを知らない人のためにルールを簡単におさらいしておくと、みんなでじゃんけんをして、「グー」で勝ったら「グリコ」と言って前へ3歩、「チョキ」で勝ったら「チョコレート」と言って前へ5歩、「パー」で勝ったら「パイナップル」と言って前へ6歩進めます。

そして、じゃんけんを繰り返し、ゴールまで最初に到達できた人の勝ちです。

ちなみに小学生の頃の私なら、「ずっとパーを出す」と答えていたことでしょう。なぜなら、「パイナップル」は6歩も前に進めるからです。なにしろ、パーで勝てばグーの勝利2回分の歩数を前に進むことができます。
チョキも「チョコレート」で5歩なので、パーのほうが上です。
ここまで考える限り、パーが最強の手であるといえそうです。
でも、**私のこの説明は、「ある事実」がすっぽり抜け落ちています。**
それは、**「負けたとき」のこと**です。

私たちはこのグリコのゲームにおける「パーが強いに違いない」というような**〝直感的〟な「思い込み」を日常生活の中でけっこうたくさんしています。**

もちろん、直感が正しい場合もたくさんありますが、じつは直感と大きな隔たりのある事実がたくさん存在するのです。

そのような私たちの直感の誤りに気づかせてくれ、正してくれる頼もしい存在が数学なのです。

物事を「両面」から考える

重要なのは、**「ダメだったときにどうなるか」という逆の考え方**です。

これは、前項でもお話しした「余事象」という考え方にもつながります。

「勝ったとき」だけでなく、「負けたとき」のことも合わせて考えることで、答えを導き出すことができるのです。

「負けたとき」のことを考える

さっそく解説に入りましょう。まず、「パーで負けたときのこと」を考えてみます。

パーで負けるということは、相手はチョキを出しているはずです。

ということは、相手に5歩も進まれてしまいます。

また、自分が「パー」で勝つときは、相手が「グー」のときです。

「グー」は3歩しか進めないので、あまり強い手ではありません。

パーは、3歩しか進めないグーに勝てる手である一方、負けたら相手と大きく差

図1-4

	勝ったとき	負けたとき	差し引き（期待値）
パー	6歩進める	5歩進まれる	＋1歩
チョキ	5歩進める	3歩進まれる	＋2歩
グー	3歩進める	6歩進まれる	－3歩

が開いてしまう選択肢といえます。そう考えると、一概にパーが強いとも言い切れないのです。

では次に、「チョキ」について考えてみましょう。

「チョキ」で自分が負ける場合は、相手が「グー」のときです。

ただ、「グー」で勝っても3歩しか進めないので、相手とそこまで差が開きません。逆に「チョキ」は相手が「パー」を出したときに勝つことができ、5歩も進むことができます。

グーの場合、勝ったときは「3歩」前に進めて、負けたときは「6歩」相手に進まれてしまいます。つまり、差し引きは「マイナス3歩」です。

チョキの場合、勝ったときは「5歩」前に進めて、負けたときは「3歩」相手に進まれてしまいます。差し引きは「2歩」です。

パーは、勝ったときは「6歩」前に進めて、負けたときは「5歩」相手に進まれてしまいます。差し引きは「1歩」です。


この**「差し引き」のことを数学の難しい言葉で「期待値」**といいます。

勝ったときだけでなく、負けたときのことも含めて、全体でどれくらい進むことを期待できるかについて数値化したのが「期待値」です。

じつは、この「期待値」が、パーよりもチョキのほうが大きいのです。

したがって、**グリコは相手が出す手の確率がすべて等しい場合、「パー」ではなく「チョキ」を出したときのほうが、勝てる確率が高くなる**ということです。

二等辺三角形を言葉だけで説明する

二等辺三角形は「　　　」に関して対称である。
「　　」に当てはまる言葉を説明しなさい。

【1949年 数学 第一問】

「わかっているつもり」になっていないか？

「3つの図形の中から二等辺三角形を選びなさい」と問われたら、ほとんどの人が簡単に答えられるでしょう。

でも、「二等辺三角形の定義を説明しなさい」と問われると、答えられる人の数は、とたんに少なくなってしまうのではないでしょうか。

この問題は、まさに私たちの「わかっているつもり」「知っているつもり」という「思い込み」を突いているのです。

前にお話しした通り、東大は「丸暗記」のような、知識を詰め込むだけの勉強を否定しています。このような問題を出題することで、数学の勉強が「丸暗記」で終わっていないかどうかを見ているのです。

1999年には、東大の入試の中で「ｓｉｎとｃｏｓの定義を答えなさい」という問題が出題されて話題になりました。

ｓｉｎやｃｏｓを使った難しい公式を「丸暗記」で終わらせていた受験生は、相当焦ったことでしょう。

図形を「言葉」で理解する

まず、二等辺三角形とは、2辺の長さが等しい三角形のことです。

小学生の段階で習う図形です。対称という概念も、小学校で習います。

そして、線を引いて、右と左が鏡のようにぴったり揃うことが線対称です。

では、二等辺三角形はどこで線を引けば対称になるでしょうか？

順当に考えれば、真ん中になります。

ただ、この「真ん中の線」を言葉で正確に説明するのがとても大変なのです。

「真ん中の線」とは、頂点からその対辺に垂直に下ろした線のことを指しているわけですが、その頂点を言葉だけでどう説明すればよいでしょうか？

「頂点から対辺に垂直に下ろした線」だけだと、二等辺三角形の頂点は3つもあるので、答えとしては不十分です。

頂点をより正確に表現すると、「二等辺三角形の、同じ長さの2つの辺に挟まれた点」になるので、「同じ長さの辺の交点」などがよいでしょう。したがって、**「同じ長さの辺の交点から、対辺に垂直に下ろした線」**が答えになります。

図1-5

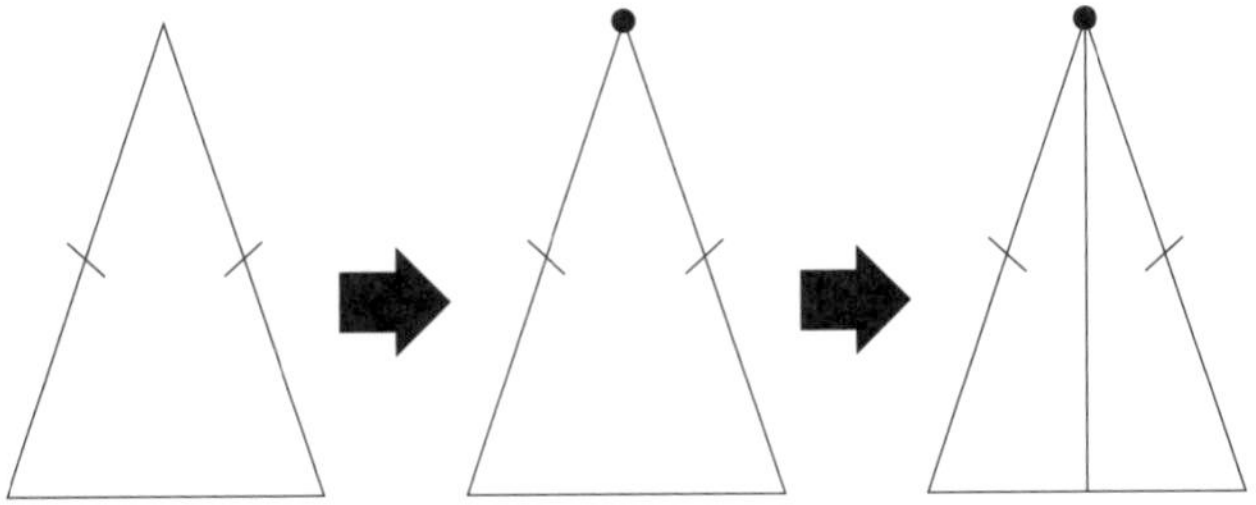

定義の理解につながる

この問題のように、図形を言葉で説明できるようにすることは、数学の勉強においてとても重要です。「図形を言葉で理解する」ことは、まさに図形の「定義」を理解することにつながるからです。

勉強とは、たんなる丸暗記の知識を積み上げていくことではなく、「1つひとつの知識について自分の言葉で説明できるくらいにていねいに理解を深めていくことである」と、この東大の入試問題は私たちに教えてくれているのです。

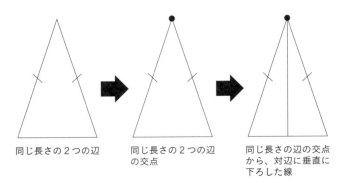

数学の問題 ❻

割り切れる数を求める

3以上9999以下の奇数aで、a×(a-1)が10000で割り切れるものをすべて求めよ。

【2005年 数学 第二問 一部改変】

数字を分解してみる

この問題は、「整数問題」といいます。

東大に限らず、他の大学でもよく出題される「数遊び」です。

問題の内容自体は、シンプルです。

a×（a－1）の箇所については、実際に出題された問題文ではa^2－aです。解答を導くアプローチのほうは小学生の知識レベルでも十分できる内容なので、問題文を一部改変して本書で取り上げることにしました。

ただ、a×（a－1）という数式でも、厳密には算数の範囲を超えてしまいますが、要は、aが3であれば、「3×2」、aが5であれば、「5×4」など、「隣り合う数字のかけ算」ということです。

このことさえ理解できれば、あとは小学生でも十分アプローチできます。

ただ、実際に解こうとすると、これがなかなかひと筋縄ではいかないのです。

この問題を解くためのカギは、**「数字を分解する」**姿勢です。

たとえば、12星座、12ヵ月、1ダース、午前と午後がそれぞれ12時間など、世の中の至るところに12という数字が存在しています。

これは12という数字が、「分解しやすい数」だからです。

2×2×3=12になることからもわかる通り、12は約数（ある整数を割り切ることができる数）が多いのです。

20までの数字の中で、もっとも約数が多い数が12です。

12は、2でも3でも4でも6でも割り切れます。

「分解しやすい」というだけで大きな意義があり、分解こそが数学の真髄だと言っても過言ではありません。

逆に、12の次の13は素数（約数がその数と1しかない）というだけで、不吉な数字だと認識されてしまっています。

「10000」はどういう数字？

この問題では「10000」という数字が出てきます。

10000=10×10×10×10=2×2×2×2×5×5×5×5です。

つまり、10000は2を4回と5を4回掛け合わせた数だといえるわけです。

次に、a×(a-1)ですが、並び合う2つの数字を掛け合わせると、じつは、必ず2の倍数になります。

なぜかというと、1の次は2、3の次は4など、並び合う2つの数字のうち片方は絶対に偶数だからです。

この問題の場合、aは奇数なので、(a-1)は必ず偶数になります。

したがって、a×(a-1)は、奇数×偶数なのです。


ここまでわかれば、あとは簡単です。

奇数と偶数を掛け合わせた答えが、2が4回、5が4回かけられた数になる、ということは、偶数のほうが「2が4回=16の倍数」で、奇数のほうが「5が4回=625の倍数」だとわかるのです。

2を1回でもかけたら偶数になります。なので、奇数×偶数ということは、16の倍数×625の倍数にしかならないのです。

図1-6

問題文より、a は奇数なので
a × (a -1) は「奇数 × 偶数」になる

↓

$$10000 = \underbrace{2 \times 2 \times 2 \times 2}_{} \times \underbrace{5 \times 5 \times 5 \times 5}_{}$$

2 が 4 回
= 16 の倍数

5 が 4 回
= 625 の倍数

↓

したがって、
奇数 a=625 の倍数、
偶数 (a -1)=16 の倍数

↓

この条件を満たす
3 以上 9999 以下の奇数 a を 1 つひとつ
計算して確認すると、
当てはまるのは 625 のみ

これを使って、9999以下で、625の倍数－1が16の倍数になる数を1つひとつ計算して調べていくと、奇数aが判明します。

答えは、「625」になります。

「連続した数字は、2の倍数と2の倍数ではない数とが交互に並んでいる」という、小学生でもわかるごく当たり前の事実を使うことで、この問題は解けるわけです。

ちなみに、この問題は高校2年生の数学Ⅱという分野で習う、指数や対数を使うと、もっと簡単に数字を分解して答えを導き出せます。

「わかる」は、漢字に変換すると「分かる」と書きます。

物事を理解するというのは、理解可能なレベルまで分解することなのです。

みなさんも、この機会にぜひ、分解して理解する習慣をつくってみてください。

傾きを求める

傾いた平面上で、もっとも急な方向の勾配（傾き）が$\frac{1}{3}$であるという。いま南北方向の勾配を測ったところ$\frac{1}{5}$であった。東西方向の勾配はどれだけか。

【1983年 数学 第二問】

「東西南北」の言葉に惑わされるな！

問題文自体は、平易な言葉で書かれています。

難しい数式や数学の専門用語もありません。

それにもかかわらず、この問題を見た人のほとんどが、「難問」だと思うのではないでしょうか？

この問題を難問に感じてしまう理由。

それは、**「東西」と「南北」という2つの言葉の存在**です。

問題文をいくら読み込んでも、どこが南で、どこが北なのかを論理的に導き出すことはできません。

私は東大以外の大学の入試問題も数多く見てきましたが、数学の問題文の中に「東西」や「南北」という言葉が入っている問題は、私の知る限りないと思います。

ポイントは、**東西南北を適当に設定してしまう**ことです。

東西南北の判断にこだわってしまうと、答えにたどり着くことはほぼ不可能です。

図1-7

①適当にAとBを置く　②適当に南北を設定する

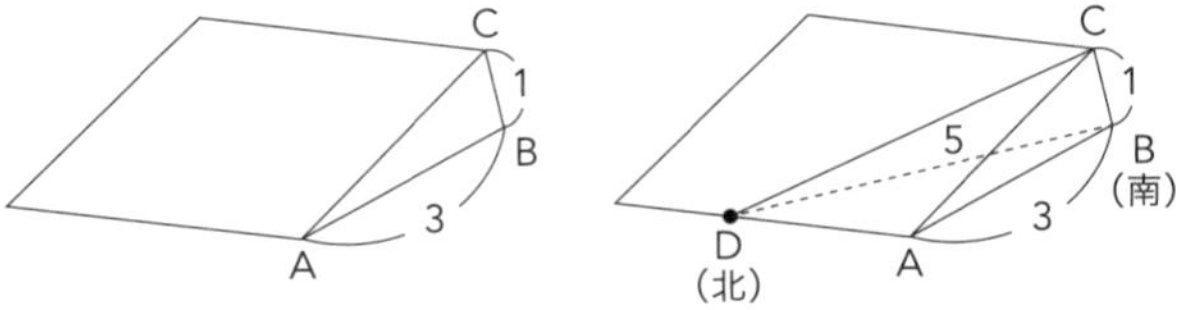

問題文に「もっとも急な方向の勾配（傾き）が3分の1」と書かれているので、ABが3、BCが1になるように適当にAとBを置く

南北の勾配は5分の1なので、Bを南、Dを北と適当に設定し、BDが5センチになるようにDを置く

じつは、東西南北を適当に設定しても、答えを導き出すことができるのです。

図を書いてみます（図1-7を参照）。

まずは、AとBを適当に置きます。

もっとも急な勾配が3分の1なので、ABを3センチ、BCを1センチとします。

次に南北の勾配は5分の1です。

南北も、適当に設定してしまいます。

Bから適当に「南北」を切って、BDが5センチになるようにDを置きます。

こうすれば、BDの勾配は5分の1になります。

このとき、東西の勾配はどうなるでしょうか？

東西は、南北と90度ズレたところにあるはずです。

ということは、適当にBDと垂直な線をわかりやすいところに引けば、それが「東西」になるはずです。あとは、その傾きを求めるだけで答えが簡単に出せます。

傾きを求めるには、簡単な相似を使います。

相似については、小学生のレベルを超えて中学数学の範囲です。

まず、△BADと△EBDが相似なので、BE：BD＝AB：ADになります。

三平方の定理より、BD＝5、AB＝3ということはAD＝4なので、あとは計算すればBE＝15／4が導き出せます。東西の傾きはBE分のCBなので、答えは4／15度です。

計算も少ないですし、解き方も驚くほどシンプルですよね。

この問題は、「南北は適当に設定してもよい」ということに気づけるかどうかが最大のポイントなのです。

図1-8

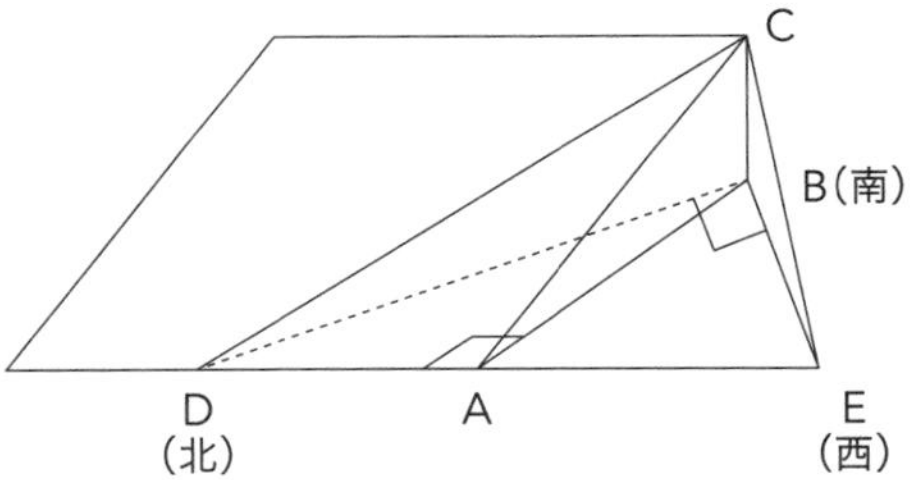

南北になるBDと90°で交わるBEが東西になる

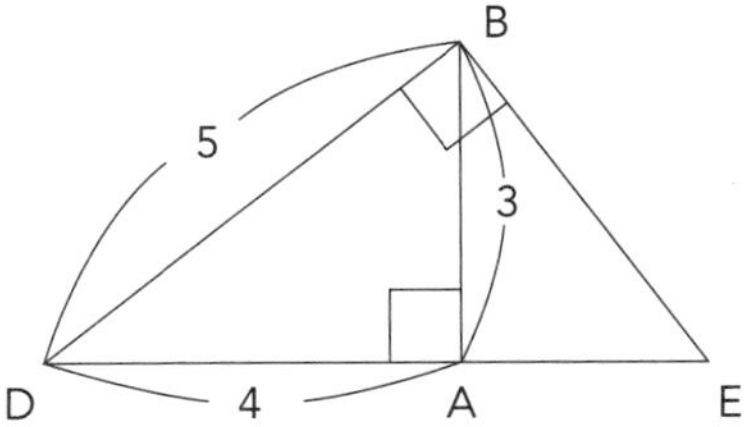

三平方の定理よりAD=4
△BADと△EBDは相似なので、
BE：BD=AB：AD
よって、BEは、4分の15になる。
東西の傾きはBE分のCBなので、
答えは15分の4度

第2章

理科

理科の問題を解く前に

前にお話しした通り、東大の入試では、私たちの日常生活に立脚した問題が出題されます。

では、日常生活に立脚した理科のテーマといえばなにか？

それは、やはり天気でしょう。自分の日常生活に天気は無縁だ、という人はいないはずです。

私たちの日常生活に直結したテーマである天気という自然現象について、みなさんは、本当に胸を張って理解できているといえるでしょうか？

これから取り上げる理科の問題は、いずれも小学生で習う範囲の知識で解けます。ただし、理科の専門的な用語をたんに〝知っている〟だけだと、太刀打ちできません。

では、さっそく始めましょう！

理科の問題 ❶

天気のことわざの理由

あなたの気象知識を使って、以下の疑問に、50字以上100字以内で解答を与えよ。

『夕焼けは晴れ、朝焼けは雨』

【2000年 地学 第二問】

日常生活に結びつけて理解する

「これが本当に東大の入試問題なの？」


この問題を見て、このように首を傾げた人が多いのではないでしょうか。

テレビのお天気コーナーを観たりして、「夕焼けがキレイだと翌日は晴れになり、朝焼けがキレイだと翌日は雨になりやすい」という自然現象について「知っている」人は多いと思います。


でも、「なぜか？」と理由を聞かれると、きちんと説明できる人はかなり少なくなると思います。


この問題は、日常生活における自然現象の「当たり前」を突いた問題です。

天気の「当たり前」については、この他にも、

「低気圧の日は頭痛が起きやすい」

「温帯低気圧が発達すると台風が来る」

などがあります。

このような自然現象の「なぜ？」を解決してくれるのが、理科という科目の重要な役割なのです。

理科で習った知識を丸暗記して済ませるのではなく、自分の身近な「なぜ？」に結びつけて理解して初めて理科を勉強した、といえます。

問題文を見てみると、「あなたの気象知識を使って」と書いてあります。

東大は、ズバリ**「あなたは、自分が学んだ知識を日常生活に結びつけて理解していますか？」**と、受験者に問いかけていることがわかると思います。

理科の中には、たくさんの用語が登場します。

そういった理科の用語の解説をそのまま暗記するのではなく、**日常生活における「素朴な疑問」を起点にして理解するように努めると、今回のような理科の問題に簡単に答えられるようになる**のです。

しかも、この問題については、小学校レベルの気象知識の内容で十分解けてしまいます。

朝焼けのメカニズム

では、さっそく解説に入りましょう。

太陽は、東から登って西に沈みます。つまり、「夕焼け」がキレイだということは、「西の空」がキレイだということです。反対に、「朝焼け」がキレイだということは、「東の空」がキレイだということです。

そして、風は基本的に西から東に吹きます（偏西風）。飛行機に乗ったことがある人なら、東京から九州に向かうときよりも、九州から東京に向かうときのほうが早く着くことを知っているかもしれません。

ということは、キレイな西の空（夕焼けの空）は、明朝には東側にいる自分の頭の上に来ることになります。したがって、「夕焼けは晴れ」なのです。

「高気圧」と「低気圧」

一方、キレイな東の空（朝焼けの空）は、明朝にはどこかに行ってしまいます。

図2-1

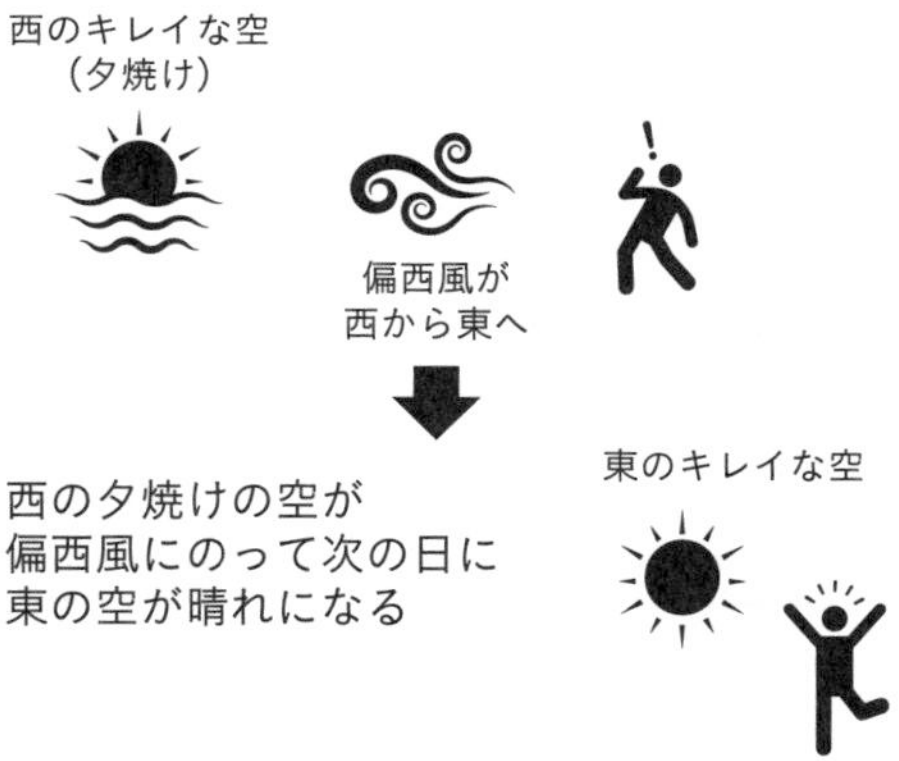

では、どうして「朝焼けは雨」だというのでしょうか？

この疑問に答えるためには、もう1つ別の知識が必要になります。

それは、「高気圧」と「低気圧」です。

「高気圧（気圧が高い）」だと、水蒸気を含んだ空気は、気圧によって地表に留まります。そして、雲ひとつない快晴が広がるのです。

「低気圧（気圧が低い）」だと、水蒸気を含んだ空気が上昇して雨雲になります。

そして、雨雲が雨を降らせるのです。

この高気圧と低気圧の場所が、世界中の空に散らばって存在しています。

図2-2

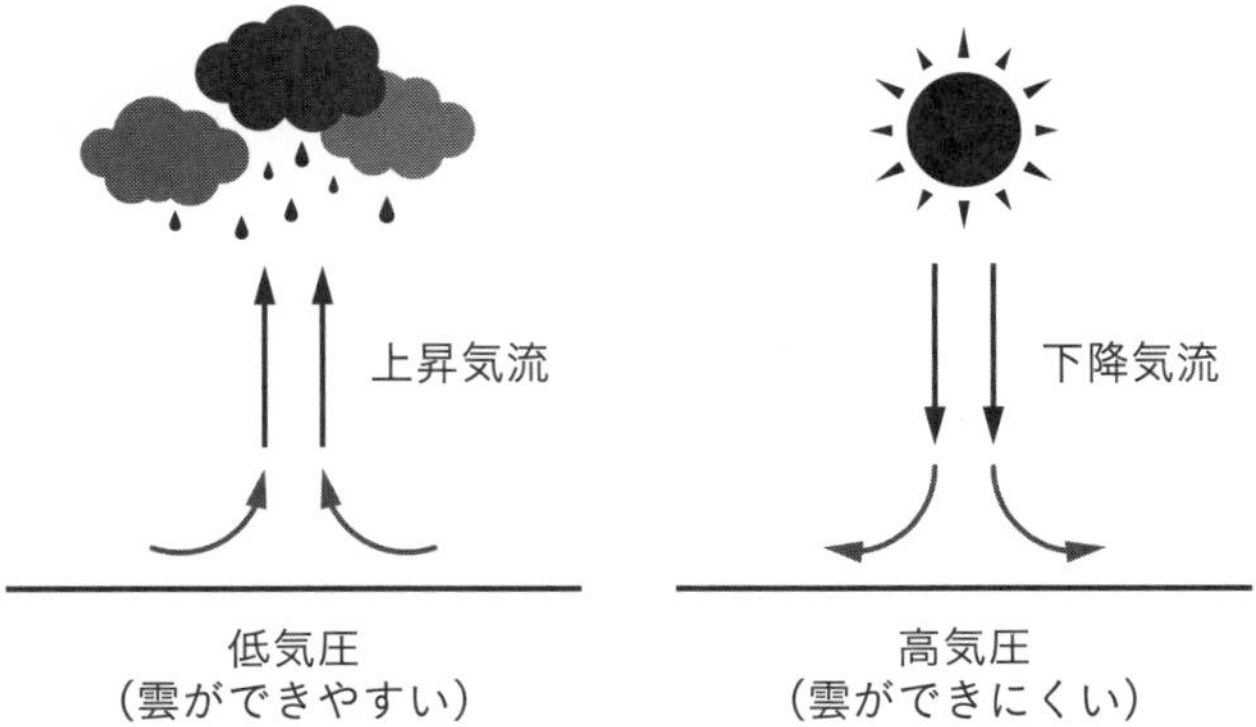

そのため、雨のところもあれば、晴れのところもあるのです。

キレイな東の空（朝焼け）ということは、東の空は高気圧です。

ということは、西の空は低気圧、つまり雨が降っている可能性があります。

そのため、雨が降っている西の空が、次の日には東にいる自分の頭の上に来るということです。

だから、「朝焼けは雨」になる場合が多いということなのです。

理科の問題 ❷

なぜ地球全体が水浸しにならないのか？

地球表面の7割は海面で、海面から絶えず水蒸気が蒸発しているのに、なぜ大気全体が水蒸気で飽和しないのか。

【2000年 地学 第二問】

小学生でもわかるように説明できるか？

「海水はずっと蒸発している」

私たちが「当たり前」として受け入れているこの自然現象について、改めてよく考えてみると、とても不思議なことだと思わないでしょうか？

仮にみなさんが小学校の先生で、理科の授業で「海水はずっと蒸発している」と話して、

「海水がすべて水蒸気になって地表に雨として降ってしまったら、地表は水であふれてしまうじゃん！」

と、生徒からツッコミが入ったとします。

みなさんなら、このツッコミにどのように答えるでしょうか？

この問題は、「小学生にもわかるように説明する」という視点で臨んでみると、**シンプルに正解を導き出すことができます。**

水は循環している

まず、地球に陸地がなく、自転もせず、季節がない星だったらと想像してみます。

その場合、さきほどの小学生のツッコミは現実のものになるかもしれません。

でも、実際には陸地と海があります。

陸地には凹凸があります。

春夏秋冬という四季もあります。

さらに、世界には「暑い地域」と「寒い地域」、「高い気圧の場所」と「低い気圧の場所」が生じ、風が吹きます。

そして、上昇気流や下降気流が生まれ、海から蒸発した水蒸気の一部が上空に上がっていきます。

つまり、**つねに一部分だけに水蒸気が集まるわけではない**のです。

上昇気流として上空に上がった水蒸気は、形を変えます。

高山で気温が下がるのと同じように、上に行けば行くほど気温が下がります。

気体である水蒸気は、温度が下がると液体や固体に形を変えるので、やがて雲になり、雨となって地上に降り注ぐわけです。

このように、水は自然の中でつねに循環しています。

水蒸気がいろいろな場所に散らばっていくので、水蒸気で地表があふれることはないのです。

身の回りの自然現象に対して、改めて見渡してみると、不思議なことだらけです。

理科を学べば学ぶほど、私たちが住んでいるこの地球のことがわかるようになります。

理科を勉強するときは、好奇心を失わず、小学生になった気分で「なぜ?」と問う習慣がなにより大切なのです。

理科の問題 ❸

山の天気が移り変わりやすいのはなぜ？

なぜ、山の天気は平野の天気より変わりやすいのか。

【2000年 地学 第二問】

フェーン現象

「山の天気は変わりやすい」

この自然現象を知っている人は多いと思います。

登山を趣味にしている人であれば常識でしょう。

この問題も、身近な自然現象について、「当たり前」で終わらせずに、しっかりと理科の知識に結びつけて理解しているかどうかがポイントになります。

この問題は、小学校でも習う、日本海側に雪が多い理由にもつながります。

「フェーン現象」です。

フェーン現象を簡単に説明すると、「水分を含んだ湿った風が山にぶつかると、その風が上昇し、その過程で含んでいる水分が雲をつくる」という自然現象です。

雲は、水分でできています。

上空に行けば行くほど気温が下がり、空気に含まれた水分が冷やされるので、雲ができるのです。

たとえば、日本海側では、日本海の水分をたくさん含んだ風が山にぶつかることによって上昇します。そして、上昇した風が冷やされて大きな雲になります。その雲が、やがて雪を降らせる原因になるのです。

同じように、山の場合も湿った空気が上昇して雲、特に積乱雲をつくることが多いため、平地に比べて天気が変わりやすいということなのです。

いかがでしょうか？

この問題の答えも、非常にシンプルです。

私がこの問題を受験生時代に初めて見たとき、少し恥ずかしくなりました。なぜなら、「山の天気が変わりやすい」ことも「日本海側には雪が多い」ことも、知識として知ってはいたものの、「なぜ？」と疑問を抱き、理科の知識と結びつけて理解していなかったからです。

実際、当時の私は正解できませんでした。

自分の理科の勉強の仕方を見直すきっかけにもなったので、私自身にとっても非常に思い出深い問題です。

第3章

社会

社会の問題を解く前に

スーパーで見かける野菜や日本人の多くが主食にしているお米、バスの時刻表など、本章で取り上げる社会の問題は、私たちの日常生活に直結している題材ばかりです。

日常生活を何気なく過ごすのではなく、「なぜ?」について、社会という科目で習った、自分が知っている限りの知識を紐づけて解くことが大切です。

ここまで繰り返しお話ししてきた通り、「東大の入試問題だから、答えは複雑な内容に違いない」「専門的な知識を使って答えなければいけない」などということはなく、いかにシンプルに答えられるかどうかが、カギを握ります。

では、さっそく始めましょう!

社会の問題 ❶

カボチャの輸入国のナゾ

メキシコとニュージーランドはいずれも日本への輸出金額が一番大きい野菜はカボチャであるが、日本の国内市場で取引されるカボチャは、この両国産と北海道をはじめとする国内産がほとんどを占めている。このように、メキシコとニュージーランドから多くのカボチャが輸入されている理由を、それぞれの自然的条件に触れながら答えなさい。

【2015年 地理 第二問 一部改変】

なぜ、ニュージーランドとメキシコなのか？

スーパーや青果店でよく買い物をしている人なら、日本で売られているカボチャの原産地の多くが、「北海道」「ニュージーランド」「メキシコ」のいずれかであることは知っているでしょう。

でも、よく考えてみると、この3つの国と地域がカボチャの主要な原産地なのはとても不思議なことだと思わないでしょうか？

この問題に限らず、**社会科目では、私たちの衣食住について、「なぜ？」という視点を向けて考えることがシンプルに答えを導き出すためのコツ**です。

北海道は、北のほうに位置しており、ニュージーランドは南半球、メキシコは中南米です。

問題文には「自然的条件」と書かれていますが、この3つの共通点がなかなか見えません。

北海道やニュージーランド、メキシコの農業の知識や統計情報などを使ってこの問題に答えようとすると、難問に変わってしまいます。

シンプルに解くカギは、**「需要」**です。

「需要」とは、「求められること」です。

物事は「求められたから、そうなっている」ことがほとんどです。

カボチャを含めた農作物も、求めている人がいるからつくられています。おもちゃでも服でも、すべての商品は求める人がいるからつくられているわけです。

需要があるから、つくられる――。

大人からすれば至極当然の事実なのですが、社会科目の内容の理解を深めるときには、需要という視点がとても大切なのです。

みなさんは、カボチャをいつの時期に食べているでしょうか？

日頃、私たちは秋のハロウィンの時期にも冬のお鍋のシーズンにもカボチャを使った料理を食べています。

その他にも、春先にカボチャの煮物を食べることもありますし、夏に冷製のポタージュとしてカボチャを食べることもあるでしょう。

カボチャのケーキやプリンなどのスイーツも、特に時期を選ばず食べているはずです。つまり、**私たちはカボチャを「1年中」食べている**のです。

だから、カボチャを年中つくる必要があるのです。

ここまで考えられると、この問題がとたんにシンプルになります。

「需要」の反対の「供給」側、つまりカボチャを「つくる」側を見てみると、カボチャの収穫の時期は夏です。北海道でつくられているカボチャは、たいてい夏に日本全国に送られています。でも、そうすると私たちは夏にしかカボチャを食べられなくなってしまいます。

そこで、メキシコとニュージーランドの出番なのです。

南半球に位置するニュージーランドの気候は、日本とは反対に7月が寒く、12月は暖かくなります。

日本で収穫できない時期にも、南半球にあって夏と冬が逆転しているニュージーランドから輸入すれば、冬も日本でカボチャが食べられるようになります。

また、メキシコは赤道に近い地域にあるので、気候が1年中変わりません。

夏も冬も関係なくカボチャをつくることができるので、ニュージーランドや北海道でカボチャが収穫できない時期にはメキシコから輸入できるのです。

社会の問題❷

なぜ、米は小麦より貿易量が少ないのか？

表1は、世界の小麦と米の生産量と貿易量を、それぞれ3ヵ年平均（1991～93年）で示したものである。米の貿易量がきわめて少ない理由を、小麦の場合と比較しながら、2行以内で述べよ。

表1　　（単位　百万トン）

	生産量	貿易量
小麦	558	108
米	524	23

貿易量は輸出ベース。
米の生産量・貿易量はモミ量換算。
（FAO資料による。）

【1997年 地理 第二問】

じつは少ないお米の使い道

米と小麦は、両方とも「世界三大主食」の1つに数えられています。

日本人の多くにとって、米も小麦も大変なじみのある食材です。

この問題を解くときに、世界経済や日本経済の難しい知識、日本やアメリカの統計情報などは必要ありません。

普段、私たちが口にしているお米について、関心を持って社会の知識と結びつけて理解する習慣があれば、この問題も簡単に解けます。


まず、この問題を解くカギですが、前項の問題①と同様、「需要」です。

みなさんは米を使った料理といえば、なにを思い浮かべるでしょうか？

おそらく丼物やおにぎり、寿司、チャーハン、カレーくらいでしょう。

じつは、お米の使い道は、主食以外にほとんどないのです。

そのため、米は、主食にしていない国ではほとんど売れません。

しかも、アジア圏以外で米を主食にしている国はほとんどないのです。

一方、小麦にはいろいろな使い道があります。パンやパスタ、ピザ、うどん、天ぷら、ドーナッツ、ラーメン、たこ焼き、ホットケーキなど、小麦が使われている食べ物を挙げればきりがありません。

様々な使い道がある小麦は、日本をはじめとして、主食にしていない国にもどんどん輸出されます。

もう1つ、米の貿易量があまり多くない大きな原因があります。

それは、**「アジア圏の人口が多い」**ことです。

小麦は、世界の陸地の半分ぐらいの地域で栽培が可能ですが、米は雨が多く降るアジア圏以外での栽培が大変難しい作物です。

そのため、コメの生産地の9割はアジア圏なのです。

アジア圏の人口は、約40億人です。

そうすると、生産した米のほとんどが自国の消費にあてられるので、外国に売る余裕があまりないのです。

日本でも、外国のお米を毎日食べている人はごく少数でしょう。

いかがでしょうか？

米と小麦について、私たちの「日常生活」を起点にして俯瞰しながら考えることで、シンプルに答えられることがおわかりいただけたと思います。

「アジア圏の人口」や「米の生産地」などの知識がないと難しい内容だったかもしれませんが、その出発点はたしかに、その食べ物を食べる自分を想像するところから始まったはずです。

テレビのニュース番組を観るときや新聞を読むときに、身近なテーマが話題になっていたら、日常生活の視点から考える習慣をつくることで、社会の問題をシンプルに解くことができるようになるのです。

風力発電所の半数が青森県と北海道にある理由

風力発電所の設置数1、2位を占める青森県、北海道は、風力発電所の立地条件としてどのような優位性を備えているか。自然条件の面から述べなさい。

【2014年 地理 第一問 一部改変】

単位：万KW

	2010年
青森県	29.3
北海道	25.7
鹿児島県	19.8
福島県	14.4

経済産業省資料による。

青森県と北海道だけが持つ特徴

この問題を見て、青森県と北海道の「共通点」だけを探そうとしてしまうと、正解にはたどり着けません。

青森県と北海道の共通点を探すだけなら、たとえば、「海に面している」ことが挙げられます。

「海に面しているので、海風がたくさん吹くはず。だから、風力発電が盛んなのだ」などと答えてしまうと、点数はもらえないでしょう。

「海に面している県」というだけなら、千葉県や新潟県、鳥取県でも風力発電ができそうです。

ポイントは、「全体を俯瞰して考える」ことです。

この場合の全体とは、47都道府県です。

なにしろ都道府県は47もあります。それにもかかわらず、青森県と北海道だけで、日本の半分以上の風力発電が行われているわけです。

その他の45の都道府県とは決定的に違う、青森県と北海道が持つ「特徴」があるはずです。

他の都道府県と比較したとき、まず思いつくのは北海道と青森県が日本で最北端に位置していることです。

台風は、夏に太平洋側から北上するので、北に位置する地域は台風が比較的少ない傾向にあります。

中でも、北端にある北海道と青森県は、特に台風の影響が小さいのです。

「でも、台風だと風がたくさん吹くので、むしろ台風が多い地域のほうが風力発電に向いているのでは？」と思う人がいるかもしれません。

じつは、風が強すぎると風力発電のプロペラが壊れてしまうのです。

さらに、青森県と北海道には、**海岸線が長い**という特徴があります。

海岸の近くでは海風が吹いて風力発電が行いやすく、地上ではなく海にプロペラを置くことでスペースも確保できます。

実際に現地に足を運んでみると一目瞭然なのですが、海岸線に沿って海上に多くのプロペラが設置されています。

この問題のように、社会科目を学ぶときのポイントに、「理由づけ」という考え方があります。そもそも、「地理」とは「地球上の理《ことわり》」を指している言葉です。理は、「理由」や「摂理」などに使われている漢字ですが、要するに地理とは「地球上のすべてのものには理由があるので、その理由を考える学問」だということです。

たとえば、イスラム教は砂漠の宗教だといわれています。実際、イスラム教が信仰されている地域の大半は砂漠地帯です。

このことについても理由づけができます。イスラム教は戒律で禁酒が定められていますが、砂漠地帯でお酒を飲むと脱水症状で死んでしまう場合が多いのです。反対に、キリスト教はワインを神の血としていて、イスラム教と逆にお酒を飲むことを許容しています。

キリスト教はロシアなどでも信仰されていますが、寒冷なロシアではウォッカなどのアルコール度数の強いお酒を飲むと体が温かくなるので冬でも快適に過ごせるのです。

もちろんこれがすべての原因というわけではまったくありません。ただ、このようにすべてのことには理由がある、と考えることで見えてくる世界もあるのです。

社会の問題 ❹

長野県と茨城県が
レタス生産1位、2位の理由

長野県と茨城県は、ともに農業生産の盛んな地域として知られており、レタスの生産量は全国1位と2位（2017年）であるが、出荷時期は大きく異なる。その理由を、地形的要因と経済的要因の両面から、あわせて2行以内で述べなさい。

【2020年 地理 第一問】

「東京の牛乳」の〝意外な〟原産地

この問題と同じような内容の入試問題が、有名な難関中学で実際に出題されたことがあります。

いくら難関中学といっても受験しているのは、小学生です。

中学受験で出題されるような問題を東大が入試問題として出題して、しかも、一定数の人が解けていないのです。

いったい、なぜなのでしょうか？

理由は、この問題の解説をするとわかると思います。

まず、前出の社会の問題①と同様、野菜の出荷時期がポイントです。

私たちは、レタスやカボチャを年中食べています。

つまり、レタスがなかなか収穫できない時期や、市場に出回るレタスが少なくなる時期にレタスをつくる必要があるとわかります。

長野県は高山が多く、夏でも冷涼な気候が広がっています。その時期にレタスをつくっているのが長野県ということです。小学校でも習う「抑制栽培」です。

もう1つ、小学生でも習う、茨城県で実施されている農業があります。


ここで少しだけ脱線しますが、みなさんは牛乳を買った経験はあるでしょうか？

そして、その牛乳の原産地を調べたことはあるでしょうか？

東京の場合、原産地は群馬県や栃木県、千葉県など、関東地方の近隣の県が書かれている場合が多いはずです。

一般的には牛乳といえば北海道というイメージがあるはずなので、この事実は少し意外に思わないでしょうか？

群馬県や栃木県に、牛乳のイメージはあまりありませんよね。

なぜ、群馬県と栃木県で牛乳がつくられているのか？

この問題の答えは、小学校の社会の教科書に載っています。

「近郊農業」です。

早く食べたほうがいい食べ物・鮮度が大事な食べ物は、消費地の近くでつくって、移動にコストや時間をあまりかけないようにするわけです。

そう考えると、牛乳は賞味期限が短いので、鮮度が大事です。**北海道でつくって東京に運ぶと時間も労力もかかってしまうため、東京の牛乳は関東近辺の地域でつくられる場合が多い**のです。

茨城県でレタスが盛んにつくられているのも、これと同じ理由です。大市場の近郊で栽培することによって輸送費を抑えられるのです。

また、「出荷の時期」についても問題文で触れられていますが、茨城県では旬の時期が春と秋になります。

そして、その間の夏は長野県でレタスがつくられているというわけです。

いかがでしょうか？

知識としては、本当に小学生レベルです。その小学生レベルの知識でも、日常生活と結びつけて理解していないと解けない問題になっています。そのため、人によってはすごい難問になってしまうということなのです。

社会の問題 ❺

台湾の人から人気が高い日本の観光地は？

台湾の入国目的別割合をみると観光の占める割合が高い。台湾からの旅行者にとって、日本のどのような地域が観光地として人気が高いと考えられるか。京都奈良以外に具体例を2つ挙げ、それぞれの理由とあわせて全体で2行以内で述べなさい。

【2010年 地理 第二問 一部改変】

子供のようにシンプルに考える

ここまで繰り返しお話ししてきた通り、東大入試において必要なのは、**難しく考えすぎない**ことです。

東大の入試だから、きっと難しい内容を書かなければならない。

そんな先入観から、

「台湾の一般人の経済事情が関係しているのかな？」

などと考えすぎると、この問題の答えにたどり着くことはできません。

小学生に、「旅行に行くなら、どこに行きたい？」と聞いたら、

「東京ディズニーランドに行って、たくさんの乗り物に乗りたい！」

「冬に北海道に行って、スキーをしたい！」

「秋葉原に行って、おもちゃやゲームを買いたい！」

などと素直な答えが返ってくるのではないでしょうか。

じつはこの問題の答えは、このような内容でも点数がもらえます。

「アニメーション関連のグッズや日本食を求めて東京に観光に来る」「北海道にスキーに行く」などでも正解になるのです。

「台湾から距離が近い日本の観光地はどこか？」などと考えると、的外れな答えになってしまうこと間違いなしです。

ただし、さすがに「おもちゃやゲームを買いたいから、秋葉原」「たくさんの乗り物に乗りたいから、東京ディズニーランド」という答えだけでは不十分です。

台湾に友人がいたと仮定して、その友人にどんな誘い文句を伝えれば実際に足を運んでくれるのか？

つまり、どんなおもてなしをすればいいのかを考えればいいのです。

たとえば、台湾は年間を通して基本的には雪が降りません。

だから、「冬に雪景色が楽しめる北海道」も正解になります。

雄大な自然が楽しめることも、観光客が多い理由になっています。

台湾は国土面積が小さく人口密度が高いので、「雄大な自然の中でのびのびと過ごしたい」と考える人がいるかもしれません。

そうすると、北海道は人口密度も低いので、ゆっくりと羽を伸ばして過ごせそうです。

このように、素直に問題の答えを考えながら、しっかりとその地域の特徴と結びつけて考えることが、社会の問題をシンプルに解くコツなのです。

社会の問題 ❻

この4つの時刻表は、どこのもの？

次の表は、日本国内の4地点における時刻表を示したものである。

表の中のa〜dは、

①成田空港の上海行きの航空便

②東京郊外の住宅団地のバス停(最寄りの駅前行き)

③人口約10万人の地方都市の駅前のバス停

④人口約5000人の山間部の村のバス停

のいずれかである。a〜dに該当するものの番号(①〜④)を、それぞれ答えよ。

	a	b		c		d					
時	分	分		分		分					
6				55		27	40	52			
7				34		2	12	22	32	42	52
8	15			7	35	4	16	30	42	52	
9		50		20		14	35	56			
10		0		21	52	19	39	59			
11		25		32		19	39	59			
12				20		19	39	59			
13		50		53		19	39	59			
14		20		7		19	39	59			
15	45	5		20	42	19	39	59			
16				40		19	39				
17		0		15	50	0	14	40			
18		10	35	50		4	24	44			
19		5		25	56	4	24	44			
20		20		20		9	29	49			
21				15		9	29	49			
22						9	29				

いずれも月曜日の時刻(臨時便を除く)

【2005年 地理 第三問】

これが、前にお話しした、小学生が実際に解けた問題です。

この問題は、小学生だけでなく、中学生や高校生1000人以上にも解いてもらいました。小学生よりも高校生のクラスのほうが正答率が低いなんてこともザラにありました。

4つの時刻表の特徴

では、さっそく解説しましょう。まず、とてもシンプルな話ですが、人口が少ない地域ほどバスの本数も少なくなります。

ということは、1日に2本しかバスが来ないaは④の「山間部の村のバス停」だということがまずわかります。

問題は、b以降です。bの時刻表をよく見ると、2つの特徴があります。

1つは、「朝と夜に便がない」ことです。一番遅い便でも、20時台に終わってしまいます。

ここで、飛行機を思い浮かべられた人は正解にグッと近づけます。

飛行機の離陸時には騒音が発生します。

そのため、空港の周辺住民に配慮して早朝や深夜に便がないのです。

そう考えると、bは①だと答えられます。

ただ、もう1つの特徴からbを①だと導き出すことも可能です。

aを除くとbの時刻表だけ、出発時刻がすべて5の倍数なのです。

なぜ、0分や5分など、キリのいい数字ばかりなのか？

ここで、もう一度飛行機を思い出してください。

みなさんは、「33分発」の便など、キリの悪い時間に離陸する飛行機に乗ったことはありますか？　そんなことはありませんよね。飛行機は、バスよりも多くの人数が搭乗します。離陸に厳密な時間が求められることから、離陸の時間は5の倍数であることがほとんどなのです。

したがって、bは①が答えだと考えることができます。

残るは、②「東京郊外の住宅団地のバス停（最寄りの駅前行き）」と③「人口約10万人の地方都市の駅前のバス停」です。

みなさんは、東京郊外と人口約10万人の都市は、どちらの人口が多いかわかるでしょうか？

間違えやすいのですが、東京郊外のほうが圧倒的に多いのです。

各地方の県庁所在地の人口は、30万～40万人程度です。

「人口約10万人の地方都市」と聞くと、「地方の中核を担っているような大きな都市」をイメージしがちですが、じつは意外と小規模なのです。

対して、「東京郊外の住宅団地」は、それよりも利用者が多く、人口も40万人くらいが普通です。郊外から東京都心の職場や学校に通勤・通学する人の数は、じつは非常に多いのです。

その場合、7時や8時の電車やバスに乗ることが多いので、この時間帯のバスが多いdの時刻表が②になります。

学生、大人を問わず、朝の通勤ラッシュの混雑に悩まされている人はとても多いですよね。そんな中で、普段「なぜ、満員になるほど利用者が多いのだろうか？」と考えていて、郊外から都心へ移動する人が多いことに思い当たった人は、答えが出せたはずです。

社会の問題 ⑦

「生産量」より「消費量」が多い鉛のナゾ

2007年時点で、鉛の全消費量は鉱石から生産された量の2.2倍になる。このような現象がなぜ生じているのかを答えなさい。

【2011年 地理 第二問 一部改変】

「なぞなぞ」の感覚で解いてみる

問題文には「生産量の2倍以上が消費される」という内容が書かれています。生産された量より多く消費される、という状況はおかしな話ですよね。いったい、どうしてこんな不思議な状況が生まれているのでしょうか？

この問題も、頭を柔らかくしてシンプルに、日常生活の視点から考える必要があります。

じつは私たちの日常生活の中では、一度生産されたものを何度も使うことがザラにあります。

そう、「リサイクル」です。

鉛は、携帯電話やＰＣに使われています。回収された古い携帯電話やＰＣの部品は、新しい携帯やＰＣをつくるのに使われています。つまり、リサイクルされれば、1回の生産で2回以上消費することがありうるのです。

日本は鉛の供給を輸入に頼りっきりです。

ただ、リサイクル分を考慮した国内の鉛の量だけで考えると、けっこうな量になるそうです。

このような「鉱山がないのに、その資源をたくさん持っている状態」を「都市鉱山」と呼びます。なかなか面白い言葉ですよね。


この問題は、「なぞなぞ」を解いているような気軽な感覚で臨むと、案外簡単に解けたりします。

真面目に考えれば考えるほど、答えが一向に見えなくなってしまうでしょう。

この問題も、もしかしたら、大人よりも小学生のほうが解ける問題かもしれません。

社会の問題 ❽

なぜ、日本人は肉を盛んに食べるようになった？

明治期には、砂糖の消費量の増加、肉食の始まりが発生した。このような食生活の変容をもたらした要因は何か？

【2003年 地理 第四問一部改変】

「消費者の視点」で考えてみる

現在、私たち日本人は焼肉屋に行って肉を食べたり、砂糖がたくさん入ったスイーツを食べたりしています。

この食文化が始まったのは、問題文にある通り、明治時代です。

「鎖国が終わった」という趣旨の答えだけでは、どんなに詳細に歴史的事実を並べても半分程度の点数にしかならないでしょう。

一番のポイントは、「食文化が変わった原因」について、消費者の視点に立って考えることです。

江戸時代は、肉食が禁止されていました。

動物の死んだ後の肉や動物の血は汚れたものとされたため、肉を食べると投獄されてしまう時代だったのです。

徳川綱吉の時代には、「生類憐《あわれ》みの令」が発令され、犬や牛などの動物を敬わなければなりませんでした。

つまり、庶民の間には、そもそも動物の肉を食べるという習慣自体がほとんどなかったと考えられます。

それが、肉を食べる欧米人が来日するようになり、状況が一変します。

当時の日本人が、欧米人が実際に肉を食べる光景を目の当たりにすることでマインドが変わったのです。

また庶民の生活水準が、明治時代に入って江戸時代よりも少し上がったことも多少は関係しているでしょう。

肉食が解禁されると、砂糖を使った西洋の料理もどんどん流入し、カレーやハンバーグ、アイスクリームなどを提供する西洋風のレストランが続々と街中に登場したのです。

問題文には「食文化の変容」と書いてありますが、この問題を解いて食べる側の人の意識にまで触れられる人はまれです。

小学生のほうが、「ああ、食べ物の話題なのか」と、素直に考えられるかもしれません。この問題を解くためには、「歴史の問題だから」などと考えず、きちんと問題と向き合う素直さがもっとも必要というわけです。

社会の問題 ❾

中世の世界地図の 間違っている箇所

図1は、フランドル（現ベルギー）の地理学者オルテリウスが、1570年に作成した世界地図である。地図の不正確さの内容には、位置の決定に用いた方法とは異なる原因によるものも認められる。このような不正確さがみられる代表的な地域の例と、その原因を、あわせて2行以内で述べなさい。

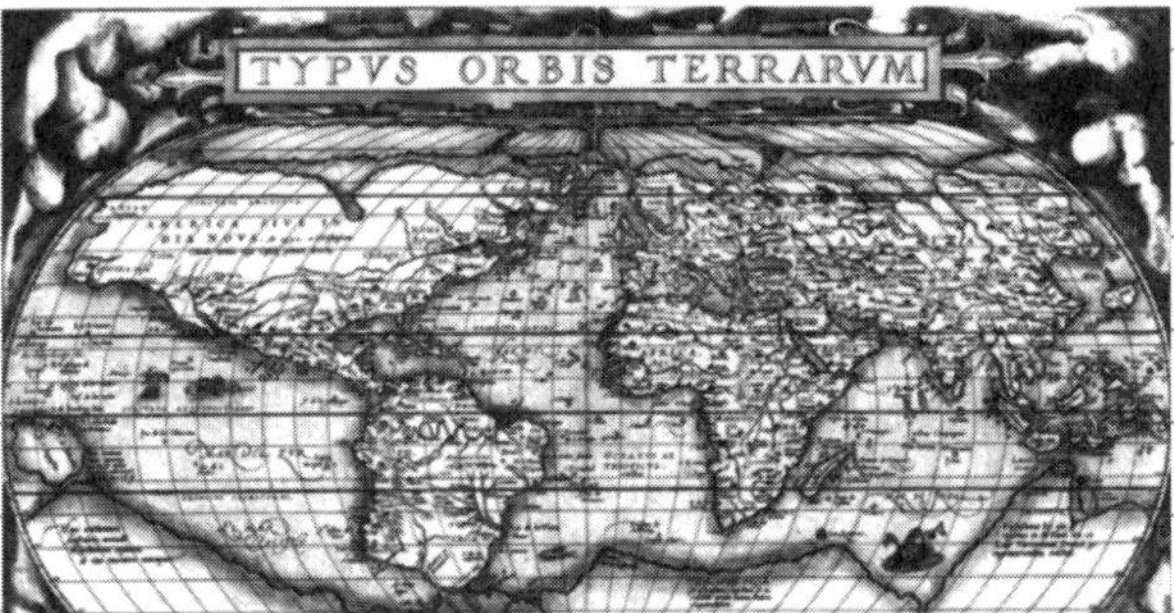

図1

【2012年 地理 第三問】

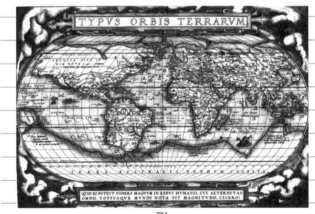

「間違っていない箇所」は？

この問題を見て、

「地図をつくったときに用いた技法が原因なのか？」

「測量の仕方に原因があるのでは？」

などと考え始めてしまうと、答えにはなかなかたどり着けません。

こういう問題を通して、東大は受験者のなにを見ているのか？

それは、**「メタ認知力」**です。

マクロな視点で図やグラフを俯瞰して全体像をつかんだうえで答えを導き出せるかどうかが、この問題を解くポイントになります。

社会科目に限らず、東大の入試は、

「この統計が間違っている理由を答えなさい」

「この文法の間違いを指摘しなさい」

という形式の問題がよく出されます。

このような問題に対して、最初から「間違っている箇所」だけを凝視して考えようとしても正解を導き出すことはできません。

シンプルに解くためのポイントは、マクロな視点で地図を理解することです。

要は、**「間違っている箇所」を探すだけでなく、「現在の地図とほとんど変わらない地域」もあわせて確認し、比較することで答えを導き出す**のです。

まずは、問題文に載っている地図と、現在の地図を比べて、ほとんど変わらない地域から確認してみましょう。

ヨーロッパや北アメリカ、アフリカあたりの地域は、現在の地図とそれほど変わらない形で表現されています。

東南アジアの島々についても、かなり正確に描かれています。

では次に、異なる地域はどこでしょうか?

最初に気づくのは、北極です。

北極には、この地図に描かれているような陸地は存在しませんし、また、グリーンランドをはじめとする北極圏の地域が見当たりません。

また、南極の地形も不自然なくらいに広く描かれています。

南極の近くに位置する南アメリカやオーストラリアの地形も不自然です。南アメリカについては、南端が南極とくっついてしまっていますし、オーストラリアのほうは南極に含まれてしまっているのか、そもそも見当たりません。

日本の地形はでたらめですし、日本以外の東アジアの国々も不正確です。

ここまでで、現在の地図とほとんど同じ地域と、異なる地域の両方を把握することができました。

いよいよここからが本題です。

なぜ、北極や南極、南アメリカ、オーストラリア、日本が不正確なのでしょうか？

問題文をもう一度読み直してみてください。

「図1は、フランドル（現ベルギー）の地理学者オルテリウスが～」と書いてあります。

もし、この地図が日本でつくられていれば、もっと日本が正確に描かれていたことでしょう。中国でつくられていたなら、中国やその近くの地域が、オーストラリアでつくられたならオーストラリアが、もっと正確に描かれていたはずです。

つまり、ポイントは、**この地図をつくったのが現在のベルギーの地理学者**だということです。

だから、ヨーロッパはとても正確に描かれているのに、ヨーロッパから離れている地域ほど、不正確なのです。

ただし、不正確な理由は「地理的に遠い地域」というだけではありません。

もう1つ、理由があります。

それは、**「行きにくい場所」**だということです。

たとえば、この地図が描かれた時代の日本は鎖国をしていました。

南極や北極についても、この時代に到達した人はほとんどいません。

南アメリカの南端部にある「マゼラン海峡」は、1520年に世界で初めてF・マゼランが周航するまで誰も通ったことがない海峡でした。当時、世界は平らであり、南北は地獄の極寒地獄（＝コキュートス）とつながっているに違いない、と思っていた人が多かったような時代なのです。

マゼラン海峡は氷河や氷山の多い航海の難所で、積極的に足を踏み入れようとする人は少数でした。そのため、地形があやふやなのです。

社会の問題 ⑩

高知県と香川県の間でやりとりしている「資源」とは？

高知県と香川県では、ある重要な資源をやりとりしている。資源の名称と、このようなやりとりが生じる理由を、この資源の供給と消費の両面から、あわせて3行以内で述べなさい。

【2020年 地理 第一問】

「資源」という言葉に対する「思い込み」

もしかしたら、香川県ということから最初にうどんを思い浮かべた人がいるかもしれませんが、それはさすがに間違いです。うどんは「重要な資源」ではないので正解にはなりません。

この問題は、小学生のほうがよく知っているかもしれません。なぜなら、小学校の社会の授業で、香川県は1年に1回「あるもの」で困るという話をまさに習うからです。

大人にとって、この問題を「難問」にさせてしまうポイントが1つあります。

それは、「資源」という言葉です。

資源という言葉を見て、「資源というのは鉱物や石油などのことだろう……。でも、そんなものは高知県や香川県にないはずでは？」と考え込んでしまう人が多いのではないでしょうか。

資源という言葉は、「生産活動に使うエネルギー」のことを指します。鉱石や燃料以外にも、生きるために必要な水や、場合によっては食料も当てはまるのです。

したがって、この問題の答えは「水」です。

テレビや新聞などで、夏になると香川県の水が不足している、というニュースが取り上げられることがあります。

それくらい、香川県は降水量が少ないのです。

夏に水不足になると、香川県は吉野川を通じて、高知県にあるダムから水をもらっているのです。

社会の問題 ⑪

「動物性食品」の割合が増えないのはなぜ？

先進国では一般的に、肉などのカロリーの高い動物性食品の割合が高い。しかし、イギリス・アメリカ・フランス・スウェーデン・ニュージーランド・オーストラリアなどの国では、1963年以降も経済が成長しているにも関わらず、動物性食品の割合はあまり増えていないか減少している。それはなぜか。

【2020年 地理 第二問 一部改変】

「知識」で解こうとすると解けない

国が豊かになればなるほど、美味しいお肉などカロリーの高い食事が多くなるのが世の常です。

それにもかかわらず、なぜ、動物性食品の割合が増えない先進国があるのでしょうか？

この問題も、難しく考えて「知識」で答えようとすればするほど、正解から遠ざかっていきます。

シンプルに考えてみましょう。

焼肉屋に行くとき、みなさんはどんなものを食べるでしょうか？

おそらくですが、肉だけを食べる人は少ないと思います。

まずは、野菜など肉以外のものを食べたりするのではないでしょうか。

そうなのです。国が豊かになって肉をどんどん食べるようになったとしても、1年中脂っこいものばかり食べるとは限らないのです。

健康の観点などから、食べる肉の量をセーブする人や、もしくは肉を食べないという人もいるでしょう。

また、どんなに肉や脂っこいものが好きだったとしても、高齢になると、一般的には食べる肉の量は減っていくと思います。

そう考えると、先進国だからといって国民全員が肉ばかり食べているわけではないということに気づけるのです。

第4章

英語

英語の問題を解く前に

「難しい単語や文法を使わないといけない」

東大の英語というと、このように考える人が多いのですが、これまで取り上げてきた数学や理科、社会と同様、高度な英語の知識はほとんど必要ありません。

本書で取り上げる英語の問題は、四字熟語の英訳や、イラストや写真に対する感想、4コマ漫画の展開を考えるなど、バリエーションに富んでいます。

英語力そのものが問われるというよりは、英語の問題を通して自分の意見を的確に伝える力や、コミュニケーション力、表現力などが問われているという印象です。

英単語や英文法の知識がどんなに豊富でも、頭がカタければまったく解けず、むしろ、小学生レベルの英語力でも柔軟な思考力を持っている人は、すんなりと解けてしまう問題ばかりかもしれません。

では、早速始めましょう！

四字熟語を英訳せよ

「三日坊主」の意味を簡潔に英語で説明せよ。

【1970年 英語】

直訳では解けない

この問題を見ると、「三日がthree daysで、坊主はboyだから、three days boyかな……」などと考えてしまいがちです。

three days boyという答えは、もちろん不正解です。「三日」と「坊主」という言葉をどのように訳せばよいか、という視点で考えてしまうと、正解にたどり着くことはできません。

この問題は、少し視点を変えるだけで、小学生でも簡単に解けてしまうくらいシンプルな問題に変わります。

カギは、「意訳」です。

three days boyのような訳し方を直訳といいます。

「私は西岡です。→I am Nishioka.」

「これはペンです。→This is a pen.」

などが、直訳の文にあたります。

この問題のように、日本語を英語に直訳しようとすると意味が通らなくなってしまう文があります。

そのときに有効なのが「意訳」なのです。

意訳とは、その文の「意味」をくみ取ったうえで、意味を英語に直すという方法です。

「意訳する」という視点でこの問題に取り組んでみると、小学生でも簡単に答えが出せるようになります。

「三日坊主」とは、要は「忍耐力のない人」や「あきらめやすい人」を表す言葉です。

したがって、

「give up easily（あきらめやすい）」

「the person with no perseverance（忍耐がない人）」

「unsteady worker（変わりやすい人）」

などと英語で表現することができます。

答えとしてはとても短いですが、問題文に「簡潔に説明せよ」と書かれているので、この程度の英語が書ければ十分です。

ここまで読んで、「東大の入試問題なのに、本当にこんな簡単な答えでいいの？」と、疑問に思う人がいるかもしれません。

でも、本当にこれでよいのです。

むしろ、「三日坊主」の意味を「三日間で物事を投げ出してしまうくらいに飽き性で、物事を継続するのが困難な人の例え」として英訳しようとする人よりも、小学生でも理解できるくらいシンプルな英語で「三日坊主」の意味を表現できる人のほうが、より高い点数をもらえる可能性があると私は思います。

この問題に限らず、東大の入試問題は全科目を通して「説明しなさい」という形式が多く見られます。

なぜ、「説明せよ」という問題が多いかというと、**学問の大きな役割の1つに、自然現象の解明や社会問題の解決があるからです。**

図4-1

直訳　＝　文章を“そのまま”訳す

（直訳の例）

私は西岡です。　→ I am Nishioka.

これはペンです。　→ This is a pen.

富士山は、日本一高い山です。
→ Mt.Fuji is the highest mountain in Japan.

意訳　＝　その文章の意味をくみ取って、 「一番伝えたいこと」を訳す

三日坊主

↓

（意味）飽き性だったり、忍耐力がなかったりして、何事も長続きしないこと。

↓

「give up easily（あきらめやすい）」

「the person with no perseverance（忍耐がない人）」

「unsteady worker（変わりやすい人）」

誰もが難解だと思っている物事について、研究や分析を行い、解明や解決に導く。そのためには、難しいものを難しいままで理解する能力ではなく、簡単にする能力のほうが重要なのです。

その姿勢があるかどうかを問う代表的な問題が、今回の問題です。

東大は、難しい英語を使えるかどうかよりも、自分の伝えたいことを相手にわかりやすく伝えるという英語の「運用能力」の有無を問いたいのです。

「飽き性ってどう言えばいいのだろう？」「継続するのが困難ってどう表現しよう？」と、難しいものを難しいものとしてそのまま捉えるのではなく、難しいものをいかに簡単に表現するかがカギになるのです。

英語の問題 ❷

「ヘンな絵」の感想を英語で答えよ

下の絵に描かれた状況を簡単に説明したうえで、それについてあなたが思ったことを述べよ。

【2015年 英語 第二問 一部改変】

絵が一番伝えたいことは？

これは、英語で「状況説明」をする問題です。
前項と同様、この問題を解くカギも「意訳」です。

「鏡に映った自分自身が、あっかんべえをしたのでとても驚いた」という日本語の文をつくって英語にしようとしても、点数はもらえません。

なぜなら、それだけでは読み手が「自分があっかんべえをしただけ」と捉えてしまい、この絵がもっとも伝えたい「怖さ」「不気味さ」がまったく伝わらないからです。

重要なのは、**このイラストの「怖さ」「不気味さ」を大雑把でもいいので明確にすること**です。

このイラストの不気味なところは、「鏡の中の自分が自分を嘲笑う表情をした」ことではありません。

「鏡の中の自分が、勝手に動き出した」ことにあります。

「鏡の中の自分の表情」ではなく、「鏡の中の自分が〝勝手に〟動いた」ことを明示することが重要なのです。

それさえ書ければ、恐怖が十分相手に伝わります。

ここまでできれば、あとは簡単。

前の問題と同じように「思うこと」をストレートに書けばいいのです。

「とても怖いイラストだ（This is scary picture.）」

「この人は疲れていると思う（He seems to be very tired.）」

「誰かのいたずらではないか（It would be someone's prank.）」

などでもOKです。

難しく考えてしまうと、素直な感想は出てきません。

むしろ、小学生になったつもりで素直な感想をいうくらいがよいのです。

他に、「この鏡の奥には魔法の世界があると思う」などと、アニメのような設定をつくって書いてみてもいいでしょう。

重要なのは、あくまでシンプルに考え、シンプルに答えることなのです。

英語の問題 ❸

写真を見て英語でひと言

下の画像について、あなたが思うことを述べよ。
全体で60～80語の英語で答えること。

【2016年 英語 第二問】

写真の「内容」は説明しなくていい

「画像の内容を説明すればよいのだろう」と考えてしまった瞬間、この問題は難問に変わってしまいます。

なぜなら、この画像には、手をレンズのほうに近づけることで猫よりも手のほうが大きいかのように見せる、いわゆる「遠近法」のテクニックが使われているからです。

なにを隠そう私自身も、この問題を初めて解こうとしたときに、真っ先に遠近法という言葉が思い浮かびました。

でも、英語で遠近法を表現する方法がわからなかったため、答えに詰まってしまったのです。

この問題が解けたという身近な東大生に話を聞いてみたところ、なんと多くの人が英語で遠近法をどのように表現するのか知らなかったといいます。

じつは、問題文をよく読むと、「あなたが思うことを述べよ」と書かれており、「英語でこの写真を説明しなさい」とはひと言も書かれていません。

かならずしも知識を絡めて高度な内容を答える必要はないのです。

「素直な感想」を英語で表現する

発想を転換させて、小学生が思いつくような簡単な内容を、自分の意見として書けばいいのです。

たとえば、

「この写真を撮った人は、素晴らしいテクニックを持っていると思う」

「このような写真を自分も撮ってみたい」

などと、素直な感想や自分の思いを表現してみるのです。

「これは面白い写真だ（This is interesting photo.）」

「この猫はとてもかわいく見える（This cat seems to be very cute.）」などと書いても正解になります。

あえて遠近法という技法に気づかないふりをして答えを書いても、正解になります。

「こんな小さい猫を私も飼ってみたい！」
「小さくてかわいい猫のフィギュアだね！」
などと、大喜利をやっているようなつもりで書いてもいいのです。

いかがでしょうか？
このように、難しく考えすぎず、できるだけ自分が答えられる範囲の簡単な解答をつくろうとする姿勢がなにより大切です。

英語の問題ではありますが、思考力、発想力が問われる問題といえるかもしれません。

ぜひ、みなさんも独自の解答をつくってみてください。

英語の問題④

もし、他人の心が読めたらどうなる？

もし他人の心が読めたらどうなるか、考えられる結果について50〜60語の英語で記せ。複数の文を用いてかまわない。

【2012年 英語 第二問】

小学生になった気分で発想する

「人の心が読めたとしたら、いったいどうなるのか？」

ＳＦ漫画などにありそうな設定ですね。

この問題こそ、大人よりも小学生のほうが解けてしまう「トラップ問題」です。

難しく考えれば考えるほど、どこまでも難しくなってしまいます。

たとえば、

「世界中の人が、相手の心が読めるようになるということは、最早コミュニケーションは不要になり、言葉を発する必要がなくなるのではないか」

「嘘がつけなくなるということだから、詐欺系の犯罪はまず減るだろうし、警察官は犯人が誰なのか丸わかりだから仕事がなくなり、弁護士もいらなくなるだろう」

などという日本語をつくって英語に直そうとすると、相当な英語力が求められることになるでしょう。

「外交で嘘がつけなくなる。なので、国家間の衝突が少なくなる……」などと複雑に考えることもできますが、それを今度は英語にしなければならないとなると、まあ難しいですよね。

この問題の対策として一番有効なのは、**小学生になった気分で、自分本位でいいから考えてみる**ことです。

シンプルに考えたほうが、トラップに引っかからずに問題を解くことができます。

たとえば、「自分一人が」特殊能力として相手の心が読める能力を得たらどうなるでしょうか？

漫画やアニメのシチュエーションでありそうですが、漫画「ドラえもん」ののび太くんなら、きっと

「先生の心が読めるから、テストで満点が取れる！（I can read my teacher's thinking and get a perfect score in a test.)」

「いじめっ子の心の中を読んで、先回りしてこちらからいたずらができる！（I can read the bully's mind and can do mischievous.)」

などと考えることでしょう。

「そんな答えで本当にいいの？」と疑問に思うかもしれませんが、**問題文には「もし他人の心が読めたらどうなるか、考えられる結果を記せ」と書かれているので、**

必ずしも世界全体で考える必要なんてないのです。

「自分だけが」他人の心を読めるようになっていると考えてもいいわけです。

「友達がたくさんできる。なぜなら、相手が好きなものを知り、喜ぶものを贈ることができるからだ」

→I could make many friends because I could know what they like and give a gift that will make friends happy!

この程度の英文で点数はもらえます。

使われている英単語は小学生でも知っているレベルです。

このように、簡単な英単語を使い、伝わりやすい論理で相手に伝えようとすると、この問題が一気に解きやすくなります。

難しい英単語や英文法をたくさん知っていないと英語の問題が解けないと思っている人は、確実に足元をすくわれます。

本当に必要なのは、**小中学生レベルの英語の知識でもよいので、相手の立場に立って、自分の言いたいことをわかりやすく伝える、**というコミュニケーションの基本をしっかりとおさえることなのです。

英語の問題❺

祖父が納得する大金の使い道

「お前は私を覚えていないだろうが、私はお前の祖父だ。あと2・3週間しか生きられないので、お前が私を納得させられたら自分の莫大な資産をお前にすべてくれてやろう。金の使い道とその理由を考えて教えてくれ」

【2017年 英語 第二問】

小学生の孫になったつもりで考える

この問題のポイントは、「祖父が納得するくらい説得力のある理由が言えるかどうか」です。

ただ、あまり難しいことも言えません。

たとえば「発展途上国に対する支援がしたい。具体的には、交通インフラの大規模整備とそれに伴う雇用の創出を図りたいと思っている」などと答えてしまうと、たしかに説得力はありますが、英語で書くのが至難の業です。ちなみに、英語にすると「I want to support developing countries. For example,create the transportation infrastructure and then, create the job.」というような感じになります。

納得させられるようなアイデアを思いついたとしても、それを適切に表現できない、つまり文章力や構成力が乏しいと英訳ができないのです。また、難しい使い道では、相手もそれがいい使い方なのかどうかが判断できません。

発展途上国の支援を語るにしても、たとえば「貧しい子供に寄付をしたい」くらいの内容のほうが伝わると思います。相手が資産家だからといって難しく考えていてはなかなか解くことができません。

前の問題と同じく、難しく考えると解けない問題なのです。

だからこそ必要なのは、簡単で、かつ納得しやすい、具体的な、自分の夢や希望を小学生になった気分で書くことです。

というわけで、シンプルに考えてみましょう。

みなさんはお金があったらなにがしたいですか？

宝くじが当たったら、どんなことに使いたいですか？

「海外旅行に行きたい！」という人もいれば、「家にピアノがほしい」という人もいるでしょう。実際、その程度のことでいいのです。

I want to study abroad in order to broaden my horizon.

(知見を広げるために海外に留学したい)

I want to buy a piano and practice the piano.

(ピアノを買って練習がしたい)

この程度の簡単な英語で、まったく問題ありません。

そのうえで、**祖父に自分が「いい子」であることを印象づけられる**と、よりいいでしょう。

たとえば、

「両親に海外旅行をプレゼントしたい（I want to present for my parents to go abroad.）」

「弟を進学させてあげたい（I want to let my brother go to the high school.）」

などと家族の話をすると、「自分だけでなく、相手に対する配慮ができる子なのだな」と感心してもらえるでしょう。

一番高い点数がもらえそうな答えは、**「祖父が喜ぶことをしてあげること」**です。

「2～3週間ほど、一緒にいさせてください。そのためにお金を使わせてください（I want to be with you for a few weeks and I want to spend for you.）」などと書けば、祖父はきっと喜ぶはずです。

このように、本当に小学生の孫になったつもりで、祖父の気持ちをくみ取ろうとすることが、この問題を解くために一番大切なことなのです。

英語の問題 ⑥

4コマ漫画の展開を英語で説明せよ

右の4コマ漫画がつじつまの合った話になるように2、3、4コマ目の展開を考え、下の1コマ目の説明文にならって2、3、4コマ目に対応する説明文をそれぞれ1文の英語で書け。

注意1　吹き出しの中に入れるべき台詞そのものを書くのではない。

注意2　1コマ目の説明文同様、直接話法を用いないこと。

1コマ目の説明文

「スーザンのお父さんが本を読んでいると、スーザンが喜び勇んでどこかに行こうとしているのに気がついた。それで、彼はスーザンにどこに行こうとしているのかを聞いてみた。」

【1997年 英語 第二問 一部改変】

話に「オチ」をつける

この問題のカギは、「話のオチ」です。

要は、「オチがついた話を考えて、英語で答えてください」ということです。


カタい頭で考えてしまうと、この問題の答えは出ません。

「彼女は一人でショッピングに向かった。その後、帰宅した彼女は彼氏と別れて悲しそうにしていた。」という答えでは点数はもらえません。

なぜなら、**オチがないから**です。

この問題を解くには、ちょっとしたユーモアのセンスが求められます。

問題をもう一度見てください。

「つじつまの合った話にしてください」と書かれています。

1コマ目から4コマ目まで、1つのストーリーでつながっていないといけないのです。

「ショッピングに行き、彼氏と別れた」では、話がつながっていません。

ストーリーをつなげたうえで、少し意外な展開にしないと問題の答えにはならないのです。

ショッピングに向かったのであれば、ショッピングでなにかショックなことが起こり、かつ、それがびっくりするような「オチ」になっていないといけないわけです。

小学生のような無邪気な視点で、「それってなにが面白いの？」と、自分の解答に向き合う必要があります。

たとえば、2コマ目が「今、ショッピングモールでタイムセールをやっているらしいの！」という展開だったとします。

そうしたら、4コマ目は、「ペットフードのタイムセールだったの……」など、意外な展開にする必要があります。

または、2コマ目を「同窓会に行ってくるわ！」という展開にしたら、4コマ目の展開は、「みんな結婚していて、独身は私だけだったの……」などが考えられます。

その他にも、2コマ目を「彼氏とデートなの！　身長が高い彼のことが大好き！」として、4コマ目で「彼氏は厚底ブーツを履いていて、本当は身長が低かったの…」というオチをつけるのもよいかと思います。

要するに、2コマ目で「彼女がウキウキしている理由」を書き、4コマ目でその理由を否定する流れにすればいいのです。

難しいストーリーを考える必要はありません。簡単な英語で、短く説明していればOKです。

英語の問題 ❼

新しい祝日をつくる

新たに祝日を設けるとしたら、あなたはどのような祝日を提案したいか。その祝日の意義は何か。また、なぜそのような祝日が望ましいと考えるのか。60〜80語の英語で説明しなさい。なお、この場合の祝日は、国民のための祝日でもよいし、国内外の特定の地域、もしくは全世界で祝うようなものでもかまわない。

【2020年 英語 第二問】

子供のように自由な発想を

これも、難しく考えれば考えるほど、答えが出せなくなる問題です。問題文の中にある「祝日の意義」や「望ましい」という〝カタい言葉〟に惑わされてはいけません。

この問題を解くカギは、「非日常」に対する想像力です。祝日をつくるなんて、一般庶民にはまったく縁がない話ですよね。

こうした非日常のお題に対して、大人になればなるほど頭がカタくなって、「そんなこと、普段考えないよ！」と、すぐにさじを投げてしまいがちです。

みなさんは、子供の頃に

「無人島に行くならなにを持っていきたいか？」

「空を飛べるとしたら、どこに行きたいか？」

「ドラえもんの道具の中で、1つだけ本当に手に入るとしたらなにがいいか？」

などと妄想したり、子供同士で話したりしたことはないでしょうか？

このような会話は子供のたんなるお遊びにすぎないように思えますが、日常生活から離れて別の視点で物事を考えるいい機会になります。

じつは、このような機会を設けるのはけっこう有意義なことなのです。こういった常識にとらわれない発想が、後々の世紀の大発明につながる、なんてことはよくあります。

「海の日」＝「海に感謝する日」があるくらいなので、肩に力を入れて答えようとする必要はまったくありません。

たとえば、家族がみんなで仲良くする日として「家族団欒の日（enjoying family's company day)」をつくるのもいいでしょう。

「そんな単純な答えでいいの？」と思うかもしれませんが、「母の日」「父の日」があるくらいなので、その程度の答えでもよいのです。

翌日から精力的に働くためにヨガをして健康になる日として、「ヨガの日（doing yoga day)」もいいかもしれません。

大人になるほど、どんどん自由な発想が奪われていきます。

大人になっても、子供の頃のような豊かな想像力を持って毎日を生きる習慣を持つことが大切です。

絵の内容を自由に解釈せよ①

下の絵に描かれた状況を自由に解釈し、30〜40語の英語で説明せよ。

【2004年 英語 第二問】

様々な角度から解釈してみる

「自由に解釈」と書かれているので、唯一絶対の正解があるわけではありません。

絵の解釈を順当に考えると、「花瓶を割った犯人＝後ろのドアに隠れている男の人」でしょう。

割れた花瓶の前で怒っている女性の夫、もしくは息子が、花瓶を割ってしまったため、とっさにドアの後ろに隠れ、女性が怒っている様子を見て動揺している、と考えることができます。

でも、それ以外の解釈もできます。

たとえば、「花瓶を割った犯人＝怒っている女性」だと考えてみると、どういうストーリーが考えられるでしょうか？

「なんらかの理由で怒っている女性が、家の花瓶を破壊した。ちょうどそのとき、彼女の夫が帰宅した。そして、夫は妻が怒っていることに気づくものの怒っている理由がわからない。」

「The woman was so angry that she smashed a vase onto the floor. Just then, her husband came home. He noticed that his wife was so angry, but he can't understand why she is angry.」

これでも正解になるでしょう。

じつは、こちらのほうが英語で書きやすかったりします。

または、「花瓶を割った犯人は、絵には描かれていない飼い猫だったのに、女性が息子が割ったと勘違いをして怒っている。それに対して息子は、『犯人は自分ではないのに、今、女性の前に姿を現したら犯人扱いされてしまう』と怯えている」などというストーリーも考えられます。

この絵1つをとってもわかる通り、解釈というのは無限に広げることができます。日頃から、1つの物事を様々な角度から見てみることが大切なのです。

絵の内容を自由に解釈せよ②

下の絵に描かれた状況を自由に解釈し、40〜50語の英語で説明せよ。

【2007年 英語 第二問】

大喜利のノリで考えてみる

さきほどと同様、「自由に解釈して答えなさい」という問題です。学校の教室で男の子がＵＦＯの本を読んでいるまさにそのときに、窓の外でＵＦＯが空を飛んでいる。そして、女の子がそのＵＦＯに気づいて男の子に伝えようとしている――。

そんな一場面を切り取った絵にも見えます。

さらに、男の子は以前から女の子を信用しておらず、今回も嘘をついていると思って女の子のことを相手にしていない、という解釈もありえます。

こういう問題を見ると、私は「東大は、こういう問題を楽しめる学生を求めているのではないか」と感じます。

たとえば、「女の子が男の子を騙そうと、空にＵＦＯのレプリカを飛ばしている」という解釈も面白いかもしれません。

「女の子が窓にUFOのステッカーを貼って、男の子を驚かせようとしている(The girl is trying to deceive the boy, and make a UFO replica and let it fly in the air.)」という回答でもよいでしょう。

もっと過激にいえば、「男の子が『UFOが空想上のもので、実際には存在していないと昔の人は信じていた』という内容の本を読んでいるところに、(この時代にはUFOが当たり前の存在になっているので、) 男の子の姉は、彼らの両親がUFOに乗って帰ってきたことを告げている。(The boy is reading the book and understand that people believed that there were not UFO in this world and it was an imaginary existence. And then, his sister is saying that their parent come home by UFO.)」などと、少しSFチックな回答でもいいかもしれません。

どんな回答をつくるにせよ、しっかりと頭を柔らかくしてこの状況を説明することが重要です。

「自由に発想せよ」というお題通り、大喜利だと捉えて発想を広げて考える必要があります。それこそ小学生のように、なんでも自由に考えてみるほうが、簡単に解けてしまうかもしれません。

第5章

国語

国語の問題を解く前に

本書もいよいよ最終章になりました。

最後の科目は、国語です。

取り上げたのは文学をテーマにした問題と、詩の鑑賞の問題です。

文学と詩の鑑賞というと、解くためにまさに専門的な知識が必須、と考える人が多いと思いますが、そんなことはまったくありません。

2つの問題とも、解こうと思えば小学生でも解くことは可能です。

ポイントは、言葉のとらえ方、物の見方です。

では、早速始めましょう！

国語の問題 ❶

あなたが価値があると思う文学作品は？

日本文学史上における価値高き作品、もしくは作家を十選び、その理由を簡単に述べよ

【1947年 国語】

じつは、作品はなんでもいい

「日本文学史上における価値高き作品」は、主観や解釈による部分が大きくなります。

文学の研究者10人に聞いたとしたら、おそらく10人とも違う作品を挙げることになるでしょう。

そもそも、唯一絶対の〝正しい〟基準がありません。

「価値高き」という表現も曖昧です。「価値」なんて、人によって変わってしまいます。

「採点の基準は、いったいなんだろう？　そもそも、入試問題として成立しているの？」と、疑問に思った人が多いのではないでしょうか？

一見、「悪問」にさえ思えます。

でも、これでいいのです。

じつは、この問題の最大のポイントは、まったく別のところにあります。

それは、

「あなたは、〝文学〟という言葉をどのように捉えているか？」

ということです。

文学とは、「日常の当たり前のことを切り取って、その意味や価値を広げるもののこと」を指します。言ってしまえば、この定義に当てはまるものであれば、なにを答えてもいいのです。

２０１６年にボブ・ディランの歌詞がノーベル文学賞を受賞したことからもわかるように、ひと言で「文学」といっても、小説にとどまらず、歌詞からスピーチ、テレビドラマ、劇まで「これが文学だ」と自分が考えたのなら、それが答えになります。

この問題を見たときに、頭がカタい人は、

「日本の文学史上で有名な作品といえば、学校の授業で文豪として夏目漱石や芥川龍之介、太宰治を習ったな……。理由は、後世にも大きな影響を与えているというような趣旨のことを書けば正解になるだろう……」

などと考えてしまいがちです。

でも、この問題に模範解答的な「正解」は存在しません。

この問題を通じて東京大学が見ているのは、

「世間的に文学史上価値の高いと評価されている作品・作家を10個挙げられるかどうか」

ではありません。

「物事を〝文学的〟に考えられるかどうか」

なのです。

夏目漱石や芥川龍之介の作品ではなくても、自分の身の回りの音楽や詩などについて「文学的」に納得できる理由を書くことさえできれば、なんでも正解になるのです。

たとえば、子供がよく読む漫画など、自分以外の人が「文学的に価値が高い」と考えていないようなものであっても、この問題の答えになりうるのです。

一例として、僕なら吉本ばななさんの『キッチン』（福武書店、１９８８年）を挙げます。

「私がこの世でいちばん好きな場所は台所だと思う。

どこのでも、どんなのでも、それが台所であれば食事を作る場所であれば私はつらくない。できれば機能的でよく使い込んであるといいと思う。乾いた清潔なふきんが何枚もあって白いタイルがぴかぴか輝く。

ものすごく汚い台所だって、たまらなく好きだ。

床に野菜くずが散らかっていて、スリッパの裏が真っ黒になるくらい汚いそこは、異様に広いといい。ひと冬軽く越せるような食料が並ぶ巨大な冷蔵庫がそびえ立ち、その銀の扉に私はもたれかかる。油が飛び散ったガス台や、さびのついた包丁からふと目を上げると、窓の外には淋しく星が光る。」

キッチンはたいていの家にあります。

でも、そんな当たり前の場所であるはずのキッチンを、「この世でいちばん好きな場所」と表現することで、「なんでもない当たり前のキッチン」の価値を、意味を、表現を広げています。

家ならばどこにでもあるようなものの価値を高くしてくれている、という点で、文学的な価値が高いと解釈することができると思います。

『ドラえもん』でも正解をつくることができると思います。「未来の世界のロボットであるドラえもんというデバイスを、のび太くんは非常に上手に使いこなしている。ドラえもんのような未知の新しいものとの上手い付き合い方について、卑近な例を交えながら私たちに教えてくれる作品です」などと回答するのもアリでしょう。

何度も言いますが、どんな解答でもかまいません。

村上春樹でも夏目漱石でも芥川龍之介でも椎名林檎でも米津玄師でも、『ポケモン』でも『ドラえもん』でもいいのです。

素直に感動を伝える能力が、この問題を解くカギなのです。

手垢にまみれた言葉よりも、子供の素直な感動のほうが、理由として成立するかもしれないからです。

国語の勉強とは、「自分の考え」なしに、ひたすらに知識を詰め込むことではない。「文学」という言葉1つに対しても、自分の考えを明らかにしたうえで論理的に説明できることが、国語の勉強には大切である。

この問題を通して、東大はそう教えてくれているのです。

国語の問題 ❷

2つの詩の感想を述べよ

次の二つの詩は同作者の作品である。 作者の見方、感じ方について、各自の感想を百六十字以上二〇〇字以内で記せ。

【1985年 国語 第二問】

「積もった雪」
上の雪
さむかろな
つめたい月がさしていて
下の雪
重かろな
何百人ものせていて
中の雪
さみしかろな
空も地面もみえないで

国語の問題 ❷

「大漁」

朝焼け小焼けだ大漁だ
大羽鰯(おおばいわし)の大漁だ
浜は祭りのようだけど
海のなかでは何万の
鰯のとむらいするだろう

2つの詩を比較して見えてくること

「みんなちがって、みんないい」という言葉で有名な、金子みすゞさんの詩です。

詩の鑑賞というと、大人になればなるほど、「擬人法でこんな表現をしている」などと、知識を中心に考えてしまいがちです。

でも、問題文に書いてある通り、問われているのは、「作者の見方・感じ方」です。

この問題を解くカギは、同じ作者の詩が2つ載っていることです。

そのため、まずは両方の詩を比較することで、どんなことが見えてくるのかを考えてみましょう。

「積もった雪」の詩では、雪に対して「寒かろう」「重かろう」「寂しかろう」と、3つの観点からあわれみ、要は「かわいそうに思う気持ち」を表現しています。

「大漁」の詩では、鰯が弔いをするだろう、とあわれみを言葉にしています。

どちらも、人間でない雪や鰯に対して、あわれみを口にしているわけです。

これこそ、作者の持っている独特の見方・感じ方だといえるかもしれません。

人間も人間以外の生物も非生物もみんな、どこかにかわいそうな要素を持っていて、誰かからそれを指摘されることはないけれど、それでもそこに存在している、と。そのうえで、それに対する我々の無頓着さも指摘されている印象を受けます。「何百人ものせていて」「浜は祭りのようだけど」とありますが、人間は知らず知らずのうちになにかを傷つけてしまっているかもしれません。しかも、傷つけていることにまったく気づかないままでいるかもしれないのです。

自分以外の人間が大変な状況にいることに対して、人は無頓着なのかもしれない。難しい言葉で表現するなら、「加害者性」といえるかもしれません。

この2つの詩は、人間が持つ、「無自覚な加害者性」について指摘しているような印象を受けました。

おそらく、この問題にも「正解」はないでしょう。どう捉えてもいいですし、「こう答えないと正解にはならない」というものもないと思います。

みなさん自身がこの作者の見方をどう思ったのか、感じ方に対してどんなことを考えたのかをそのまま書けばいいのです。

おわりに

私が2浪の末に東京大学に入学した日、衝撃的な出来事がありました。

入学式の式辞で、当時の東大の総長である五神真先生が、次のような話をしたのです。

試験の手応えは如何だったでしょうか。

私たちは知識の量ではなく、基本となる知識を柔軟な発想によって使いこなす力こそが大学での学びへの備えとして最も大切だと考えています。

そのような期待を込めて出題させて頂きました。

その期待にしっかり応えてくださった皆さんをここに迎え、これから仲間として共に活動できることを大変嬉しく思っています。

「知識の量ではなく、基本となる知識を柔軟な発想によって使いこなす力」

この言葉は、私にとってとても衝撃的でした。

というのも、この概念は今まで私が考えていた「勉強」の定義とかけ離れていたからです。

私は小学校から高校まで、「知識の量」を増やすための勉強をしていました。英単語帳を何周もして暗記し、漢字の書き取りをし、数学の公式を暗記し、歴史の年号や化学の公式を覚えて、定期テストで赤点を取らないように努力する……。それが「勉強」だと思っていました。

多くの人にとっても、同じではないでしょうか？

とにかく覚えるのが勉強であり、その知識の量が測られるのがテストであり、入試問題である、と私は信じて疑わなかったのです。

ところが、東大の考える勉強は、私のイメージとは正反対でした。

本編でもお話しした通り、東大のアドミッション・ポリシーの「入学試験の基本方針」のところには、「知識を詰めこむことよりも、持っている知識を関連づけて解を導く能力の高さを重視します」と書かれています。

つまり、知識量や知識を詰め込むことだけが「勉強」ではなく、たとえ少ない知識だったとしてもその「活用法」を学ぶことのほうが「勉強」だと東大は考えている、ということです。

たとえば数学では、他の大学では「いかに難しい公式を覚えているか」を問うような入試問題が出題されるのに対して、東大は正反対で、簡単な公式でも、「その公式がどのようにして成り立っているのか」が問われます。他の大学では難しい三角関数の問題が出題されている中で、東大だけは「ｓｉｎとｃｏｓの定義を答えなさい」「加法定理を証明しなさい」という問題が出題されていました。

覚えている知識の量ではなく、最低限の知識でも、その知識を意味もわからず使っていないかどうか、きちんと活用できる人なのかどうかが問われるわけです。

英語でも同じです。たとえば京都大学や早稲田大学などでは難解な単語やとても難しい文法を使った英文を出題し、「日本語に直しなさい」とか「これはどういうことか４つの中から選びなさい」というような形式の問題が出題されます。

それに対して、東大は中学で習うようなレベルの英単語・英文法、もっと言えば小学生でも知っているような英単語を題材にします。

たとえば、「order」という英単語を使った問題が２０１４年に出題されました。

「文中のorderという英単語の意味を考えて、その意味と同じ使い方をしているorderを、次の5つの英文から1つ選びなさい」というものです。

orderという英単語は小学生でも知っています。注文とか命令とか、順番という意味ですね。日常会話でもよく使われている言葉であり、みなさんもお店で店員さんに「オーダーお願いします！」なんて言ったことがあるのではないでしょうか。

これを東大は、ちょっと捻って出題します。

たとえば「alphabetical order」とはどういう意味になるでしょうか？

これは、「アルファベットの順番＝A・B・Cの順番」という意味になります。

orderには「順番」という意味があると言いましたが、それをアルファベットと結びつけたら答えがわかるはずです。

また、彼女の部屋は「good order」が保たれている、といったらどういう意味かわかりますか？　この「order」は「順番」から派生して、きちんとキレイに「整頓する」という意味であり、「彼女の部屋はいつもキレイに整頓されている」という意味になるのです。

こういう、「類推」ができれば解ける入試問題を東大は出題しているのです。

何度も言いますが、小中学生の教科書にも書いてあります。また普段「オーダー」と日常会話で使う中で、「そういえばオーダーってどういう意味なんだろう?」と一度でも考えたことがある人なら、解くことは可能です。でも、知識を応用させて解こうとすると、解けない場合が出てきてしまうわけです。

こういう、「知識そのものではなくそれを活用する問題」が出題されているわけです。

たしかに、こちらのほうが真に「頭のよさ」を問えると僕は思います。

たとえば英単語を丸暗記して「この単語はこういう意味とこういう意味がある」と覚えていたとして、それがちょっと捻られて登場したり、なにかと組み合わさって出てきたりすると、応用ができないから問題を解くことはできません。それに対して、最低限の知識から類推して、「おそらくこういう意味なんじゃないか」と解を求められる人がいます。知らない知識を今までの知識と結びつけてその場で理解できる能力があるほうが、価値が高いのです。

覚えられる量には限界があり、暗記だけでは解けない問題も多いです。たくさん丸暗記できることは本当の頭のよさではない。真に頭のいい人とは、今までの知識を応用して、その場で答えを思いつく人のことです。

そちらのほうが社会で求められる人材のニーズに合致しており、そういう人はものをたくさん覚えているわけではないけれど、応用してその知識をいくらでも増やすことができるわけです。

もっといえば、このような流れは東大の入試問題だけではありません。

2020年大学入試改革以降実施されている共通テストでは、それまでの知識偏重のセンター試験が見直され、思考力を求める問題を出題するようになりました。

また、共通テストが変わったからこそ、これからは他の大学でもこのような入試問題形式が増えるといわれていて、また事実、そういう問題がすでにどこの大学でも増えつつあります。

なぜ、東大は知識ではなくその使い方を問う問題を出し、他の大学でも増えているのか？

それは、時代が大きく変わっているからです。

20世紀までの時代は、とにかく言われたことをそのまま実践できる人材が求められました。会社に入ったら「こうすれば商品が売れる」という「答え」がもう用意されていて、それをいかに覚えて、その通りに実践できるかが重視されました。

しかし21世紀に入ってからは、これが崩れてしまいました。変化が激しい時代に突入し、どの企業でも「こうすればいい」という答えがなく、むしろその場に応じて自分で答えを出すことが求められるようになってしまいました。

しかもＡＩが台頭し、知識量だけなら絶対に敵わない相手ができてしまいました。ＡＩのＩＱは、人間の平均が１００に対して「５０００」といわれています。人間が、どんなに知識を得る勉強をしてもＡＩに勝つことは不可能です。

そもそもネットで調べれば知識なんてすぐに得られるので、わざわざ覚えていなくても知識の抜け漏れはいくらでも補えてしまうわけです。

そんな現代において求められるのは、知識量ではありません。知識の「使い方」です。知識は最低限でいいので、それを使って問題を解く力なのです。

東大は、それを70年前から先取りして実践していました。知識量ではない、知識を「使う」能力を身につけていないと解けない入試問題を出題し続け、こうした時代の変化を先取りしていたのです。

意外かもしれませんが、この能力は大人よりも子供のほうが案外持っているかもしれないものなのです。

この本は「小学生でも解ける」をテーマにしていますが、これには2つの意味があります。1つはさきほどの東大入試の説明のときにも紹介した通り、「小学生の知識量でも解ける」問題ということです。そしてもう1つは、「大人よりも小学生のほうが解けるかもしれない」問題であるということです。

「そんなわけがない！　大人のほうがより勉強してきているのだから、子供よりも頭がいいはず」と思うかもしれませんが、大人のほうが積み上げてきているのは古い「勉強」です。知識量を得て、それを再現する能力を身につける勉強です。

しかしそれは、東大で求められている勉強とは違うのです。

東大で求められているのは、小学生の知識量でもいいから、シンプルに考えて、伝わりやすい簡単な論理で説明する能力の高さです。

この本を通じて、勉強に対する考え方をアップデートし、これからの時代を生きるための新しい「勉強」の仕方を身につけていただければ幸いです。

【本文で取り上げた問題の解答例】

※東大は、入試問題の模範解答を公表していません。したがって、ここで紹介する解答例は、あくまで現役の東大生である私、西岡壱誠が本書を読んでくださっている方の参考になればとの思いから作成したものであり、必ずしもこの通りに解答する必要はない、という点を予めご了承ください。

《数学》

P19【数学の問題①】

距離（m）を960で割ったときに、余りが360以上で520未満の間になる区間で、小型を使うほうが有利になる。

P25【数学の問題②】

左から数えて1番目からn番目の碁石までの「白石の数」－「黒石の数」の数を、

$f(n)$とする。このとき、$1 \leq n \leq 361$となり、$f(1)=0$, $f(361)=-1$となる。$f(n+1)-f(n)=\pm 1$ $(1 \leq n \leq 360)$ なので、$f(k)=0$, $f(k+1)=-1$ $(2 \leq k \leq 360)$ となるkが存在するといえれば条件に合うことになる。

　このとき、左から数えてk番目までの碁石は白石と黒石の個数が同数であり、$k+1$番目の碁石は黒石であることがわかる。

　よって、左から$k+1$番目の碁石である黒石が条件を満たす。

P33【数学の問題③】

「0と9」～「4と5」の5つの組み合わせから4つを選ぶので「5通り」。「0か9か」「1か8か」というように2個の中から1つを選ぶので「2通り」。これを4回なので「2×2×2×2=16通り」、選ばれた4つの数をそれぞれ1つのケタに入れなければならないので、「4×3×2×1=24通り」。「使わない組みの選び方(=4)×「3組の数の選び方(=2×2×2=8)」×「並べ方(=3×2×1=6)」を引いて、5×16×24-4×8×6=1920-192=1728個。よって、答えは1728個。

P39【数学の問題④】

Aがグーを出す確率をa、チョキを出す確率をb、パーを出す確率をcと置く。
このとき、$a+b+c=1$となる。
Aがグーを出すとき、Bがパーを出せばBが5歩進み、グーを出せばお互いに動かず、チョキを出せばAが3歩進む。
問題文より、Bがそれぞれの手を出す確率は等しいので、すべて$\frac{1}{3}$となる。
したがって、このときの期待値Eは、
$E=1/3a\times3-1/3a\times5+1/3a\times0=-2/3a$ となる。
同様に、Aがパーを出す確率を考えて計算すると、期待値Eは、
$E=1/3b\times6-1/3b\times5+1/3a\times0=1/3b$となり、
Aがチョキを出す確率を考えて計算すると
$E=1/3c\times5-1/3c\times3+1/3c\times0=2/3c$となる。
a, b, cがすべて同じ数だった場合、Eが一番大きいのはAがチョキを出すときなので、Aがずっとチョキを出し続けるときが答え。

P45【数学の問題⑤】

同じ長さの辺の交点から、対辺に垂直に下ろした線。

P49【数学の問題⑥】

625

P55【数学の問題⑦】

「南北」を「BD」と置くと、南北の傾きは1／5なので、BD=5

三角柱なので∠BADの角度は90°

BD=5、BA=3なので、三平方の定理より、

$BA^2+AD^2=BD^2$

$9+AD^2=25$

$AD^2=16$ AD=4

BDが南北なので、東西はBEと置ける。

このとき、「南北」と「東西」は90°
したがって、∠EBDは90°
△BADと△EBDは相似なので、BE：BD=BA：AD
よって、ＢＥは15／４。東西の傾きはＢＥ分のＣＢなので、答えは４／15度

《理科》

P63【理科の問題①】

夕焼けは西を、朝焼けは東の空を見ることになる。偏西風の影響で空は西から東へと移動しているので、西が晴れている場合は観測した地域の次の天気に晴れが、東が晴れている場合は晴れ以外の天気が観測した地域の次の天気になる。

P69【理科の問題②】

たとえ水蒸気が飽和しても、温度が下がれば飽和蒸気圧が下がり、雲などのように水滴となって地表に降り注ぐことになるため、大気の循環と気温の変化がある限

り大気全体では水蒸気が飽和することはないから。

P73【理科の問題③】

山は標高が高い。標高が高くなればなるほど大気の気温が下がるので、水蒸気を含んだ湿った空気が山にぶつかると上昇して平地に比べて雲を、特に積乱雲をつくることが多くなるため。

《社会》

P79【社会の問題①】

日本で収穫できない時期にも、南半球にあって夏と冬が逆転しているニュージーランドから輸入すれば冬にカボチャが食べられるようになるから。また、メキシコは赤道に近い地域にあり年中気候が変わらないため、夏も冬も関係なくカボチャをつくることができるので、ニュージーランドや北海道でつくらない時期にはメキシコから輸入することができるから。

P83【社会の問題②】

小麦は世界各国で生産・消費されている一方、米はアジアで集中的に生産・消費されているから。

P87【社会の問題③】

沿岸部に広大な土地があり、台風も少ないため安定的に発電可能だから。

P91【社会の問題④】

大市場の近郊で栽培し、輸送費を抑えられる茨城県は旬の春と秋、冷涼な高原で抑制栽培を行う長野県では端境期の夏に出荷する。

P95【社会の問題⑤】

グルメや買い物、テーマパークなどを楽しめる東京近辺や、冬には雪景色が楽しめるうえに夏は涼しい気候で過ごしやすく、広々とした北海道の人気が高い。

P99【社会の問題⑥】

a－④人口約5000人の山間部の村のバス停
b－①成田空港の上海行きの航空便
c－③人口約10万人の地方都市の駅前のバス停
d－②東京郊外の住宅団地のバス停（最寄りの駅前行き）

P103【社会の問題⑦】

バッテリーや蓄電池など、使用済みのものが回収され、2回以上再利用されるものがあるから。

P106【社会の問題⑧】

明治時代に入って鎖国が終わり、海外から砂糖や肉が輸入されるようになったことに加え、江戸時代に肉食が禁止されていたのが外国の価値観が流入して庶民の食生活が変化したこと。

P109【社会の問題⑨】

地図がつくられた当時、ヨーロッパから遠いオーストラリアや南アメリカ大陸南端は、探索が不十分だったため正確に表現されていない。

P114【社会の問題⑩】

名称：水　理由：高知県は年中多雨かつ人口密度が低く水が余剰となる一方、香川県では瀬戸内海式気候で夏季に少雨かつ人口密度が高く水が不足するため吉野川のダムで水の供給を行っている。

P117【社会の問題⑪】

これらの国では、古来より強かった肉食・乳製品の消費傾向が近年の食生活の多様化や健康志向、環境・動物保護意識の高まりに伴って弱まり、低カロリーの野菜や魚介類の消費が増えたから。

《英語》

P123【英語の問題①】

The man give up easily and with no perseverance.

P129【英語の問題②】

When a man looks into the mirror, he is really shocked to see a different face in the mirror. I think this situation is very scary! If this were to happen to me, I would be so surprised that I might drop the mirror.

P132【英語の問題③】

How small this cat is! I have never seen the cat which is smaller than human hand until now.

And I believe this small cat is very cute. I want to keep this cat as a pet.

But if I keep this cat as a pet in my house, I may not find this cat because this cat is too small.

P136【英語の問題④】

If I had ability to see other's thoughts, I could make a lot of friends because I could know what they like and they dislike. So, I could give a special gift that would make friends happy and would not make friends angry. So,I want to get a this ability!

P140【英語の問題⑤】

I want to study abroad in order to broaden my horizon.

I want to be with you and I want to spend for you.

P144【英語の問題⑥】

２コマ目「Susan said that she was going to dating with her boyfriend.」

（スーザンは彼氏とデートに行くと言った。）

３コマ目「When she returned home, she seemed to be very tired, so her father asked her what happened.」

（彼女が帰ってくると、疲れた顔をしていたので、彼女の父はなにがあったのか聞いた。）

４コマ目「She answered that she wasn't able to meet his boyfriend because the train had been delayed.」

（彼女は、電車が遅れて彼氏に会えなかったと答えた。）

P148【英語の問題⑦】

If I had a chance to create a holiday, I would create a family day. In this holiday, people would be with their family and play game and eat with them. For example, they would play baseball with dad and make a meal with mom. It would be very happy and a lot of people would realize how important family is.

P151【英語の問題⑧】

（解答例1）

A woman is looking at a broken vase and a man is looking at her behind the woman. The man are afraid of the woman because she has looked so angry and he can't enter the room.

（解答例2）

The woman was so angry that she smashed a vase onto the floor. Just then, her husband came home. He noticed that his wife was so angry, but he can't understand why she is angry.

P154【英語の問題⑨】

The boy is reading a book which is titled "All About UFOs" when his sister notice that a UFO flying the sky.

She is trying to deceive the boy, and make a UFO replica and let it fly in the air.

《国語》

P159【国語の問題①】

（作品例）ドラえもん

未来の世界のロボットであるドラえもんというデバイスを、のび太くんは非常に上手に使いこなしているといえる。そのような未知の新しいものを使いこなす姿勢について、卑近な例も交えながら教えてくれる作品。

（作家例）King Gnu

何気ない日常を歌ったものであっても、それがどこか輝かしい価値を持っているものだと気付かされる歌詞をつくっている。日常生活の輝きを気付かせてくれるという点において価値が高いと考えられる。

P165-166【国語の問題②】

どちらの作品も、人ではない何かが苦しんでいる様子を描いている。雪や鰯など、通常であればそれらに感情が存在しないと考えるようなものに対しても憐憫の眼差しで眺めており、特に「積もった雪」においては「苦しみ」の原因が互いにあり、「大漁」においては、苦しみの反面としての喜びが描かれていて、知らず知らずのうちに人間加害者になっている構図が見て取れる。総じて、新しい視点を提供してくれる素晴らしい作品だと感じる。

著者略歴

西岡壱誠（にしおか・いっせい）

1996年生まれ。株式会社カルペ・ディエム代表。
偏差値35から東大を目指すも、2浪する。3年目から勉強法を見直し、偏差値70、東大模試で全国4位となり、東大合格を果たす。東大入学後、人気漫画『ドラゴン桜2』（講談社）の編集を行うほか、TBSドラマ日曜劇場「ドラゴン桜」の脚本監修を担当。『「読む力」と「地頭力」がいっきに身につく 東大読書』（東洋経済新報社）など著書多数。

SB新書 597

小学生《しょうがくせい》でも解《と》ける
東大《とうだい》入《にゅう》試《し》問題《もんだい》

2022年 10月15日 初版第1刷発行

著 者 西《にし》岡《おか》壱《いっ》誠《せい》

発行者 小川 淳

発行所 SBクリエイティブ株式会社
〒106-0032 東京都港区六本木2-4-5
電話：03-5549-1201（営業部）

装 丁 杉山健太郎
本文デザイン・本文DTP ローヤル企画
著者エージェント アップルシード・エージェンシー
編集担当 鯨岡純一
印刷・製本 大日本印刷株式会社

本書をお読みになったご意見・ご感想を下記URL、
または左記QRコードよりお寄せください。
https://isbn2.sbcr.jp/15598/

落丁本、乱丁本は小社営業部にてお取り替えいたします。定価はカバーに記載されております。本書の内容に関するご質問等は、小社学芸書籍編集部まで必ず書面にてご連絡いただきますようお願いいたします。

ISBN 978-4-8156-1559-8